AF392659

# RUTA MÁLAGA CON OJOS DE FILÓSOFO

ExLibric

BEATRIZ GÁMEZ BERNAL

# RUTA MÁLAGA CON OJOS DE FILÓSOFO

EXLIBRIC
ANTEQUERA 2020

**RUTA MÁLAGA CON OJOS DE FILÓSOFO**
© Beatriz Gámez Bernal
© Imagen de cubierta: Roberto Sorin
Diseño de portada: Dpto. de Diseño Gráfico Exlibric

Iª edición

© ExLibric, 2020.

Editado por: ExLibric
c/ Cueva de Viera, 2, Local 3
Centro Negocios CADI
29200 Antequera (Málaga)
Teléfono: 952 70 60 04
Fax: 952 84 55 03
Correo electrónico: exlibric@exlibric.com
Internet: www.exlibric.com



ISBN: 978-84-19092-12-0

Nota de la editorial: ExLibric pertenece a Innovación y Cualificación S.   L.

BEATRIZ GÁMEZ BERNAL

# RUTA MÁLAGA CON OJOS DE FILÓSOFO

# Índice

# Introducción

## ¿Rutas filosóficas?

¡¿Rutas filosóficas?! Estas palabras las he escuchado numerosas veces, cada vez que intentaba presentar este proyecto a las personas que tenía a mi alrededor. Intento explicarlo una vez más… Las rutas filosóficas Ágoratour nacieron el mes de septiembre de 2014 como resultado de lo que he terminado por llamar delirio productivo. Con ellas puedes descubrir Málaga desde la Filosofía. Se trata de reflexionar, a partir de lo que pensaron algunos de los filósofos más importantes, a través del patrimonio histórico, cultural y artístico de la ciudad: edificios, esculturas, jardines, estanques, personajes, grafitis… En estas rutas realizo una síntesis entre el contexto histórico-cultural de mi ciudad natal, Málaga, y diferentes temáticas propias de la Filosofía.

# Ruta Málaga con ojos de filósofo

En esta ruta realizarás un viaje en el tiempo hasta ubicarte en la antigua Grecia, del siglo IV a. C. hasta el VI d. C., para descubrir cómo surgió la Filosofía a través de algunos de los pensadores clave de esta etapa: Tales de Mileto, Heráclito, Parménides, Platón, Aristóteles, los sofistas y tres de las escuelas helenísticas: cinismo, estoicismo y epicureísmo. El hilo argumental de esta ruta es la evolución en el concepto de naturaleza (*physis*), entendida como el orden de todo lo que existe (cosmos) y la forma de ser constante (esencia) de cada cosa que pertenece a ese todo. Además, te permitirá disfrutar de una pincelada de la historia y la cultura malagueñas en un entorno privilegiado en el mismo centro de la ciudad: el Parque, el teatro romano y los jardines de Puerta Oscura de la alcazaba.

# 1. Parque de Málaga: glorieta de la Ninfa del Cántaro o la Muñeca

La construcción del Parque de Málaga vino determinada por las obras de ampliación del puerto de la ciudad, necesaria para cubrir el incesante intercambio comercial y el crecimiento industrial de esta durante el siglo XIX. El ministro malagueño Antonio Cánovas del Castillo fue el artífice de este proyecto, acordándose que una parte del terreno ganado al mar para la ampliación portuaria fuese destinada a uso público. En concreto, se realizaría una zona de paseo ajardinada, entendida como una prolongación de la Alameda Principal. En el proyecto preliminar del diseño del Parque participó el marqués de Larios, asesorado por arquitectos como Fernando Guerrero Strachan, Adolfo Crooke y Miguel de Rivera, aunque el más implicado en el proyecto fue, sin duda, Joaquín de Rucoba, que se encargó también del diseño de edificaciones tan emblemáticas de Málaga como el Mercado de Atarazanas y la plaza de toros de la Malagueta. El Parque de Málaga se empezó a construir en 1897 y no finalizaron las obras hasta 1927.

## Los filósofos presocráticos: la invención filosófica

### *La Muñeca y los mitos*

Esta glorieta tiene en su centro una fuente con una escultura que representa a una ninfa. Se la llama la Muñeca. Aquí tenemos la representación de un ser mitológico, la ninfa, una divinidad representada como una jovencita ligera de ropa o desnuda, a la que se le atribuía la protección de algunos lugares de la naturaleza, tales como manantiales, arboledas, montes, etc.

El ser humano desde siempre se ha preguntado el porqué de todas las cosas. Las narraciones mitológicas fueron las primeras explicaciones de todo aquello que sucedía. Los pioneros de estas narraciones que intentaban explicar el origen de todas las cosas fueron los poetas griegos de la Antigüedad, principalmente Homero y Hesíodo. Si se producía una tempestad en el mar, el mito explicaba que esto ocurría porque el dios de los océanos, Poseidón, se encontraba enfadado y para que la tormenta cesara había que realizarle ofrendas para aplacar su ira. Los dioses eran los responsables de todo lo que ocurría. Y estas divinidades hacían lo que les daba la gana, se movían por caprichos. Desde esta perspectiva, era imposible encontrar una regularidad en la manera en que sucedían las cosas y mucho menos intentar predecir qué ocurriría. Por esta razón, la explicación mitológica no podía proporcionar ciencia, entendida en la Antigüedad como el saber que nos proporciona las pautas universales de comportamiento de la realidad.

Sin embargo, en el marco de explicación mitológica encontramos un elemento muy importante para que pudiese iniciarse la Filosofía. Este elemento es el destino, aquello que nos depara la existencia a cada uno y que no se puede variar. Además, a esta fatalidad del destino estaba sometido todo lo que existía, incluidos los poderosos dioses. La Filosofía va a tomar del mito esta característica de la necesidad que implicaba el destino, dejando de lado el aspecto fantasioso de la narración o, al menos, colocándolo en un segundo plano.

En el ámbito filosófico, la necesidad es entendida como lo contrario a que las cosas sucedan al azar, caprichosamente. Que las cosas se comporten necesariamente es que hay una razón para que se comporten así y que lo hagan siempre de tal modo y no de otro. Además, esta necesidad es posible captarla si empleamos el razonamiento lógico. Naturalmente, este cambio en el marco intelectual que va desde la explicación mítica a la filosófica no fue cosa de un día, ni tampoco se separaron tajantemente ambas explicaciones. Aunque sí es cierto que fue algo inédito lo que inició Tales de Mileto a partir del siglo VI a. C.

## ¿Casualidad o causalidad?

Pero ¿por qué comienza la Filosofía en las colonias griegas y no en cualquier otro lugar? ¿Por qué lo hace en el siglo VI a. C. precisamente? ¿Qué era lo que estaba ocurriendo por aquel entonces en aquellas tierras? Durante el siglo VI a. C. se van consolidando una serie de cambios en la sociedad griega, motivados precisamente por un cambio en la importancia de la actividad económica, que deja de ser la agricultura, en manos de la aristocracia terrateniente, y pasa a ser el comercio de la artesanía. La actividad comercial necesitaba expandirse a otros lugares y para ello se fundaron colonias en el Mediterráneo. Las primeras colonias se establecieron en Oriente, como Mileto. Después se fundarían en Occidente, en el sur de Italia. La Filosofía empezó en las colonias griegas, para establecerse finalmente en Atenas. En las colonias, estos nuevos ricos pedían insistentemente participar en la política y acabar con el monopolio de la aristocracia en este ámbito, propiciando el establecimiento de la democracia como nueva forma de gobierno. Asimismo, alejadas de los centros de poder tradicionales, en estas colonias se podía encontrar más libertad intelectual. Todas estas novedades en la sociedad griega hicieron posible que se iniciase esta nueva forma de explicación: la Filosofía.

Los denominados presocráticos, estos primerizos filósofos, interpretaban la realidad como naturaleza (*physis*), término que tenía un doble significado. En primer lugar, naturaleza como totalidad de las cosas que existen, pero una totalidad ordenada, con sentido, un cosmos. En segundo lugar, naturaleza como una forma de ser constante de las cosas que constituyen la realidad, la esencia. Como vemos, ambos aspectos de la naturaleza o *physis* se implican mutuamente. Es posible un cosmos porque cada realidad que lo forma tiene una esencia, una forma de ser constante. En resumen, la realidad es la naturaleza o *physis*, un sistema ordenado porque sus piezas también se comportan según unas pautas regulares. Ahora bien, para estos precursores de la Filosofía, excepto para Parménides, la naturaleza también es dinámica, un proceso constante de mutación.

### El primerísimo de los primeros: Tales de Mileto

Se le considera el pionero de la invención filosófica, pero los conocimientos de Tales eran muy amplios, propios de un sabio. En cuanto a matemáticas, creó el teorema que lleva su nombre y en astronomía predijo un eclipse de sol. Tales observó con atención a su alrededor y se percató de que todos los seres vivos necesitaban el agua para sobrevivir. Esta, además, se encontraba presente en la composición de todos ellos. Por otra parte, el elemento líquido permanecía en todos los cambios físicos naturales, en el ciclo sólido-líquido-gaseoso. El sabio de Mileto razonó que el agua era el principio del que surgían todas las cosas, aquello de lo que estaban hechas todas ellas y, más aún, la causa de todo lo que les ocurría. Tales encontró, a través de su razonamiento, un principio (*arché*) que podía explicar todo lo que existe, alejándose de las explicaciones tradicionales mitológicas. Con Tales nace la primera explicación basada en el razonamiento, en el logos, la Filosofía. Es admirable cómo se anticipó el filósofo de Mileto a enunciar una de las tesis científicas actuales más aceptadas del origen de la vida, aquella que afirma, a grandes rasgos, que esta se originó en primer lugar a partir del agua.

### Es posible resfriarse si te bañas dos veces en un río, aunque no sea el mismo: Heráclito

Apodado el Oscuro porque escribía en forma de sentencias breves y enrevesadas de forma deliberada. Heráclito quería fastidiar de este modo a todos aquellos listillos que pretendían conocer de forma fácil algo que él consideraba difícil de comprender. Y ese algo es la ley universal o *lógos*. ¿En qué consiste ese *lógos*? Heráclito es conocido por subrayar que la realidad es incesante cambio. Ese incesante cambio lo percibimos y no se puede negar en modo alguno. El símbolo de esta incesante transformación lo encuentra en el fuego. El principio de todas las cosas es el fuego, ya que la combustión simboliza de forma óptima esa transformación continua de la naturaleza. Ahora bien, este conocimiento lo alcanzamos todos los seres humanos, pero hay un sentido menos obvio, que implica un esfuerzo de la razón, un ir más allá de las percepciones. Esa comprensión profunda de la realidad es asequible únicamente para unos pocos elegidos. Entre ellos, por supuesto, él mismo, el gran Heráclito. Si bien toda la realidad está sometida a un incesante cambio, este proceso no es desordenado, sino que sigue un orden, que consiste en el tránsito de un contrario a otro. Lo que está caliente pasa a enfriarse; lo que está húmedo se secará, etc. Existe, pues, algo que da unidad al incesante cambio del universo. Y esa unidad consiste en que cada par de opuestos se aportan sentido mutuamente. ¿Apreciaríamos la diferencia de lo dulce si no existiese lo amargo? ¿Distinguiríamos la oscuridad sin la luz, al idiota del inteligente? La respuesta es que no para el pensador de sobrenombre el Oscuro. Esa unidad de opuestos muestra y garantiza la ley universal que organiza todo lo que existe, una ley universal que se alcanza exclusivamente mediante el razonamiento, ya que los sentidos nos muestran únicamente la incesante mutación de todas las cosas, la cara más superficial de la realidad. Pero, aunque tachada de superficial por el pensamiento de Heráclito, no se puede negar que existe, como hizo Parménides.

### *Lo que es es y sanseacabó: Parménides*

Fundador de la escuela eleática, Parménides inició una nueva forma de pensar, estableciendo que el orden de todo lo que existe es único, inmutable, inmejorable y solo se alcanza mediante el ejercicio racional. El primer fervoroso creyente de la razón en la historia de la Filosofía es Parménides. Es el que llamará a ese orden racional de toda la realidad el ser. Con ello quiere diferenciarse de los anteriores filósofos. Por eso ya no habla de la realidad como naturaleza o *physis*, que, si recordamos, era entendida como un proceso dinámico. Por idéntica razón prescinde de elementos materiales para explicarla, como en el caso del agua en Tales.

Parménides escribió en forma de poema sus revolucionarias ideas, reveladas supuestamente por una diosa a nuestro radical pensador, conservando así el elemento mítico en su filosofía. En este poema afirma con contundencia que no existe la nada, solo el ser es. Además, ese ser, como se ha dicho antes, lo interpreta como único, inmutable, inmejorable y eterno. El ser es una «cartera de perfecciones» que alcanzamos a captar exclusivamente gracias a nuestra capacidad de razonar.

El pensador de Elea es el primero que reflexiona sobre la razón misma, descubriendo los tres principios básicos que la hacen funcionar. Los resultados serán sorprendentes, pues esos principios de la razón extienden su uso al ámbito del conocimiento en general y no únicamente en el filosófico. Esos tres principios básicos de la razón son el principio de identidad, el principio de no contradicción y el principio del tercero excluido. En cuanto al principio de identidad, afirma que lo que es no puede dejar de ser. Por otra parte, el principio de no contradicción establece que el ser no puede no ser, al mismo tiempo y en el mismo sentido. Por último, el principio del tercero excluido sostiene que no existe una posible tercera opción: el ser es o no es. Pongamos un ejemplo de cada uno de estos tres principios racionales tomándolos de la mitología, haciendo justicia a la escultura de la bella ninfa aquí presente. Esta escultura de la ninfa es idéntica a ella misma. No hay otra igual. De ahí que se la llame «la Muñeca» para diferenciarla de otras similares (principio de identidad); ante el juicio «esta escultura es una ninfa» no podemos admitir como juicio verdadero «esta escultura no es una ninfa», si hablamos de esta misma escultura y en este momento preciso (principio de no contradicción); por último, o esta escultura es una ninfa o no lo es, pero no es una sirena, ni una arpía, ni ningún otro ser mitológico (principio del tercero excluido).

Pero Parménides da un paso más, afirmando que la información que obtenemos a partir de las percepciones sensibles nos muestra una realidad que no es la verdadera. Las apariencias engañan: el movimiento y el cambio que percibimos sensorialmente son ilusiones. Por esta tesis, Aristóteles lo calificó como un «negador de la naturaleza». La consecuencia más importante que se deduce de su negación de que la naturaleza sea un proceso dinámico es que la única vía de acceso a la verdad es la que nos aporta la razón. Lo verdadero es lo que no contradice a la razón y a sus principios básicos: la verdad lógica.

No existen para la filosofía de Parménides las medias tintas. Los pensadores presocráticos posteriores aceptaron sus ideas, quizás convencidos por la fuerza de su argumentación. Pero el filósofo de Elea les había dejado como herencia un problema filosófico enorme: la papeleta de explicar, si el ser es único e inmutable debido a su perfección, ¿cómo es posible que existan tantos seres distintos en la naturaleza, se transformen y desaparezcan? Los llamados filósofos pluralistas, como Anaxágoras, Empédocles y Demócrito, intentarán conciliar la afirmación de Parménides de un ser único e inmutable con la pluralidad y mutabilidad de los seres en la naturaleza.

A pesar de los problemas que plantea el pensamiento de Parménides, su gran logro es que nos invita a no dejarnos llevar por lo que se nos presenta como obvio y a revisarlo desde la razón. Una de las notas fundamentales que definen la actitud filosófica es poner en suspenso lo cotidiano, aquello que aceptamos como «natural». En esto Parménides está a la altura. Platón será uno de los que siga su consejo, realizando uno de los descubrimientos que marcarán para siempre el pensamiento occidental, afirmando la existencia del mundo de esencias universales llamadas ideas, suprasensibles y superiores al mundo físico, planteado como el único existente y verdadero. Platón es nuestro protagonista siguiente. Pero ¿es todo lo que existe reducible a pura lógica como afirmó Parménides? ¿Por qué es más valiosa la perspectiva formal de la realidad que la empírica?

# 2. Parque de Málaga: glorieta de don Modesto Laza

Encontramos un estanque con forma circular en la glorieta dedicada a don Modesto Laza Palacio, un importante intelectual de la Málaga del siglo XX. Nació en Vélez-Málaga en 1901. Fue botánico, farmacéutico y escritor. Siempre inquieto intelectualmente, llegó a participar en política durante un breve período, siendo concejal de Málaga por el Partido Radical Socialista de Alejandro Lerroux al proclamarse en 1931 la Segunda República. Luchó para que Málaga tuviese su jardín botánico y que la finca de la Concepción fuese adquirida para este fin, liberándola del abandono en que esta se encontraba desde hacía décadas. Por otra parte, este doctor en Farmacia se especializó en análisis clínicos de laboratorio, en cuya actividad adquirió gran prestigio. Nombrado en 1963 presidente de la Sociedad Malagueña de las Ciencias, ocupó este cargo hasta su fallecimiento en 1981. Modesto Laza empieza a partir de 1955 a revisar un clásico de nuestra literatura, *La Celestina*, de Fernando de Rojas, investigando todos los términos referidos a plantas que en esta aparecen relacionadas con ungüentos y pócimas desde un punto de vista científico. Como resultado, publicó *El laboratorio de Celestina* (1958), adornado en la sobrecubierta con una reproducción del cuadro de Picasso con el mismo nombre, cuya edición fue patrocinada por la Diputación de la ciudad. Laza había mantenido una relación epistolar con el pintor malagueño, mediada por el poeta y secretario personal del artista, Jaime Sabartés. De esta época es destacable su investigación sobre las virtudes terapéuticas de las aguas, especialmente las de Carratraca, publicada bajo el nombre *La hidrofilia hispánica*. Pero sus incursiones literarias no quedaron ahí, puesto que a partir de un artículo llamado «El ungüento de las brujas» realiza un estudio continuación, «Los fármacos afrodisíacos en un autor castizo del siglo XV». Recopilando datos sobre el famoso secreto, deduce su fórmula y realiza una crítica científica sobre las plantas que servían para elaborarlo.

# Platón: lo que dio de sí la caverna

## ¡Cuidado, narcisos!

Si nos asomamos en este estanque, veremos reflejada nuestra imagen en la superficie del agua. Seguramente, estaremos de acuerdo en que esta imagen no somos nosotros, sino que esta es solo un reflejo nuestro en la superficie del agua, aunque los narcisos y narcisas del mundo no estén de acuerdo en modo alguno. De manera análoga, Platón afirma que la única realidad que existe es la que captamos por los «ojos» de la razón, aquella realidad que está ahí cuando prescindimos de las percepciones sensibles, el mundo de las ideas o esencias. Cuando Platón habla de ideas hay que tener presente que se está refiriendo con ellas a realidades, las únicas realidades existentes y verdaderas además. Solo de forma secundaria se refieren las ideas a contenidos mentales en el pensamiento del ilustre ateniense. Aquello que captamos por los sentidos sería como el reflejo de nuestra imagen en el agua de este estanque, y ese reflejo no somos de verdad, de la buena, nosotros. Por tanto, todas las cosas que percibimos son algo así como las fotocopias (noción platónica de imitación) o como las porciones ínfimas (noción platónica de participación) de las verdaderas y únicas realidades existentes, las ideas.

## Dos mundos son demasiados para una única verdad

Platón aprendió a filosofar a partir de dos maestros, Crátilo y Sócrates. Ambas influencias están presentes en su filosofía, al igual que la de Parménides. Del primero, convencido seguidor de Heráclito, aprendió que no se puede negar la información que nos prestan las percepciones sensibles, el devenir incesante de todo cuanto nos rodea. Platón llamará a esos datos basados en las percepciones mundo sensible, siendo el conocimiento que nos aporta particular y efímero. Así que lo llamó opinión (*doxa*). El ámbito opuesto a este mundo sensorial, devaluado por Platón, es el mundo de las ideas, accesible exclusivamente por la razón, que nos aporta el conocimiento superior, objetivo y universal, al cual llamó la ciencia (*episteme*). Las características de las ideas son iguales a las que da Parménides al ser; son únicas, eternas, perfectas e inmutables. De Sócrates, Platón heredó el convencimiento de que existen principios universales y verdaderos que el ser humano debe tomar como guía para llevar una vida plena, buena de acuerdo a su dignidad. También compartía con él la creencia de que si el ser humano conoce qué es el Bien lo realizará. Esta teoría se conoce con el nombre de intelectualismo moral. ¿Será suficiente con conocer el Bien para hacerlo? ¿No hace falta también, al menos un poquito, querer hacerlo? Está claro que quien no conoce lo que es el Bien nunca podrá realizarlo. Pero el conocerlo ¿nos obliga a realizarlo? Sócrates y Platón defienden firmemente que el que conoce el Bien no puede no elegirlo. El intelectualismo moral fue popularizado por Sócrates, que le aportó la estructura filosófica. Pero esta forma de pensar ya existía previamente en la cultura griega. Finalmente, apuntar que ni se plantea, desde la perspectiva socrática-platónica, que no exista un Bien universal.

## *Donde hay rey-filósofo no manda marinero*

El universal filósofo Platón, de auténtico nombre Aristocles, escribió de forma literaria gran parte de su pensamiento mediante numerosos diálogos. El elemento mítico no desaparece en sus obras, sino que es utilizado por Platón cuando quiere ir más allá del discurso racional, de la dialéctica, y los conceptos filosóficos no le sirven para expresar lo que quiere decir por su complejidad. La imagen literaria logra mostrar lo que el concepto filosófico no logra captar. Una metáfora que emplea Platón es la de segunda navegación, para referirse a la tarea que él considera propia de los filósofos. En ella nos narra que unos marineros se alegran de que su barco navegue con la fuerza del viento como único motor. Es mucho más cómodo. Sin embargo, llega un día en que no hay viento y es necesario llegar a puerto. Los marineros se ven obligados a remar, a mover el navío con su propia fuerza conjunta. Finalmente, consiguen llegar sanos y salvos a su destino.

En la metáfora de la segunda navegación, la fuerza del viento simboliza las causas físicas para explicar la realidad, mientras que la fuerza de los remos simboliza las causas metafísicas, las ideas. Estas últimas necesitan de un esfuerzo extra para poder conocerlas, pero su explicación de la realidad es, para Platón, más satisfactoria. La búsqueda del verdadero conocimiento se realizará a través de las causas metafísicas y constituye el arduo trabajo de los filósofos, cuyo esfuerzo no acaba en el conocimiento de las ideas, las realidades supremas, sino que obtiene su pleno sentido con la práctica política del buen gobierno. Recordemos que, desde el intelectualismo moral platónico, únicamente el que conoce el Bien puede llevarlo a cabo. Cuando esto ocurre, los ciudadanos de la polis, como la tripulación del barco, logran llegar a buen puerto.

## *Platón, pastelero artesano*

Aquí estamos ante un estanque que posee cierta belleza. ¿Qué explicaría su belleza? Para Platón, no bastaría señalar su proporcionada forma ni la limpieza de sus aguas, tampoco la calidad de su ornamentación, etc. Estas serían únicamente las causas físicas. Así que afirmará que para que algo aparezca como bello ante nuestros sentidos es necesario que imite o participe de la idea de Belleza, que es eterna y perfecta, aprehendida solo por nuestra razón o, mejor dicho, por la parte racional de nuestra alma, cuyo lugar de origen es ese mundo ideal. Nuestra alma recuerda lo que aprendió allí y por eso nos es posible re-conocer esas esencias universales y eternas. El alma nos permite disfrutar de la contemplación de la eternidad, pues por su naturaleza está en contacto con la divinidad. La unión del alma con el cuerpo es un tránsito, un mero accidente que nos distrae de la única realidad auténtica, el mundo de las ideas.

Retomando el ejemplo del estanque, este es bello porque tiene en sí algo de la idea de Belleza, la imita o participa de ella. Sin embargo, el estanque perderá algún día su belleza, las piedras se deformarán, se llenarán de moho… e incluso podrá desaparecer como les ha ocurrido a otros elementos arquitectónicos con el paso del tiempo, pero la idea de Belleza seguirá inmutable. Es impensáble para Platón considerar las cosas que percibimos por los sentidos como valiosas en sí mismas. Este estanque posee belleza, sí, pero efímera. ¿No puede ser por eso mismo bello, Platón? O las flores que se regalan en ocasiones especiales ¿no son bellas porque pasados un par de días se marchitarán? ¿La eternidad no es demasiado tiempo? Pero Platón es rotundo. Este estanque, las flores… son bellos porque existe previamente la idea de Belleza y la reconozco en el estanque y en las flores, porque tales cosas son una imitación móvil e imperfecta del perfecto e inmutable «pastel de la Belleza», siendo la imitación un pastel de menor calidad, quizás de confitería o bollería industrial, frente a la auténtica obra de pastelería artesana que constituye la idea de Belleza. También habló Platón de participación, en la que las cosas bellas sensibles toman una pequeña porción de la idea de Belleza, sin alcanzar la plenitud que esta ofrece, disfrutando solo de la textura y el sabor del «pastel de la Belleza» de forma limitada.

### *Un rayo de luz se cuela en la caverna*

Es innegable la fuerza de las imágenes literarias de la filosofía platónica. Universalmente conocido es el mito de la caverna, desarrollado en el libro VII de uno de los diálogos de madurez intelectual de Platón, la *República*, pertenecientes al período en el cual ya ha elaborado con detalle la teoría de las ideas. El mito de la caverna nos plantea una situación en la que unos seres humanos viven desde su nacimiento en el interior de una caverna, encadenados de tal forma que solo pueden dirigir la vista hacia la pared interior de la cueva. Desde allí únicamente pueden ver, gracias a una hoguera, los reflejos de los objetos que otros individuos transportan, al otro lado de un muro situado detrás de ellos. Habituados a los reflejos y a no conocer nada más, los prisioneros toman a estos como la única realidad. Pero un día ocurre algo extraordinario, uno de los prisioneros logra escapar de sus cadenas y consigue salir al exterior de la caverna. Al principio no puede ver nada, pues está acostumbrado a la oscuridad y la luz del sol le molesta demasiado. Progresivamente, se va acostumbrando a la luz del exterior. Al final puede llegar hasta ver directamente al sol. Se da cuenta de que la vida en el interior de la cueva ha sido una ficción, ya que podía conocer solo un aspecto inferior, devaluado, de la realidad. Piensa que lo que ha descubierto merece la pena compartirlo con sus semejantes, todavía prisioneros en el interior de la gruta. Convencido de la nobleza de su misión e impulsado por la solidaridad, regresa con sus compañeros e intenta transmitirles que existe otra realidad superior en el exterior. Es en vano. En un principio lo toman por loco y se ríen de él, pero cuando sigue insistiendo le llegan a amenazar de muerte, comportándose así como auténticos «cavernícolas».

El mito de la caverna conserva toda su fuerza hoy día, como demuestran las múltiples lecturas, no exclusivamente filosóficas, que se han hecho de él en la cultura actual. Platón afirma en él la existencia de un sentido de las cosas más allá de lo dado, del menú diario del sentido común, de la actitud acrítica. Pero cuesta mucho esfuerzo y coraje decidirse por esa opción. Más aún, el filósofo ateniense nos advierte de los peligros a los que se enfrenta el que se atreve a pensar por sí mismo y salir del rebaño.

### *El lado oscuro de Platón*

También existen sombras en la *República* platónica: la propuesta de eugenesia, la justificación de que el Estado puede engañar a los ciudadanos en aras de su bienestar, etc. Por otra parte, ¿por qué Platón no fue coherente en la práctica con su idea de igualdad entre hombres y mujeres? En su Academia no admitía mujeres. ¿Demasiado subversivo para el filósofo de sangre azul? Aunque, para ser justos con Platón, este fue un pensador que se puso a revisar su filosofía. Corrigió bastante el pensamiento político planteado en la *República*, aceptando que la combinación entre la democracia y la monarquía podía ser la mejor forma de gobierno, cuando se sumaban las ventajas de ambas y se limitaban recíprocamente sus defectos. Asimismo, llegó a la conclusión de que las leyes son necesarias para el buen funcionamiento de la sociedad. Nadie está por encima de las leyes, ni siquiera los gobernantes. Todos deben respetarlas.

# 3. Parque de Málaga: panel informativo de las especies botánicas

Aquí tenemos un panel que muestra el número de especies vegetales que existen en este parque y la ubicación exacta de las mismas. Su extensión es de 3,3 hectáreas y constituye una joya botánica en pleno centro de la ciudad y un verdadero pulmón para ella. Dando un paseo por él descubrimos una de las mayores colecciones de disfrute público de flora y vegetación tropical y subtropical europeas. La burguesía industrial malagueña del siglo XIX, las familias Heredia, Larios y Loring, fue dándole forma a este espacio trayendo semillas y plantas de otros países a los que sus miembros viajaban. Destaca también su diseño abierto, un paseo con jardines a ambos lados, que permite su visita libre en cualquier horario y época del año.

# Aristóteles: a la naturaleza le va la marcha

## Poderoso sentido común

Conocer al menos los principios fundamentales del pensamiento de Aristóteles es indispensable no solo para aquellos que estén especialmente interesados en la Filosofía, sino para todo aquel que quiera profundizar en las raíces de la cultura occidental, puesto que este filósofo elaboró un sistema intelectual de comprensión de la realidad que estuvo vigente durante nada menos que catorce siglos, el modelo finalista o teleológico, inspirado en sus estudios sobre los seres vivos. La poderosa fuerza del sentido común de la filosofía aristotélica, interpretada con conceptos provenientes de la cristiandad, fue contra lo que argumentaron los principales artífices de la revolución científica de los siglos XVI y XVII, entre otros, Galileo Galilei. Finalmente, se abandonaría el modelo aristotélico por un nuevo modelo explicativo del universo, el modelo mecanicista de la cosmovisión moderna, que establecerá una analogía entre este y el funcionamiento de una máquina.

## Todo tiene una razón de ser aunque cueste de creer

Aristóteles nació en Estagira y vivió durante el siglo IV a. C. Su progenitor fue el médico del rey Amintas de Macedonia y el filósofo llegaría, años más tarde, a ser el preceptor de Alejandro Magno, hijo de Filipo, el sucesor del monarca Amintas. ¿Influyó la profesión paterna en la decisión del filósofo de valorar e introducir en su pensamiento la investigación empírica? Lo único que sabemos con seguridad es que esta dedicación obtuvo sus frutos. Aristóteles realizó estudios anatómicos de diferentes especies animales, clasificándolas y recogiéndolas en su obra *Zoología*. De hecho, se le considera el primer biólogo de la historia. Además, estas investigaciones marcarían su percepción del universo, defendiendo una cosmovisión teleológica o finalista. En esta cosmovisión se interpretaba el funcionamiento del universo de manera análoga al que tienen los seres vivos. Asimismo, en este modelo explicativo Aristóteles afirma que todo lo que existe tiene una finalidad. Nada en la naturaleza es producto de la casualidad, sino que hay un sentido en ello, una causalidad, deduciéndose de todo ello una inteligencia suprema que gobierna racionalmente el universo. ¿Por qué los animales carnívoros tienen unos colmillos más desarrollados? Para desgarrar mejor la carne de sus presas. ¿Por qué los cactus necesitan una mínima humedad? Para sobrevivir en climas desérticos. ¿Por qué el ser humano tiene la capacidad para razonar, función que le pertenece en exclusiva en el reino animal? Para, según Aristóteles, alcanzar una vida superior al resto de los seres vivos, una vida feliz, aunque nunca logre la felicidad plena, propia únicamente de un dios. Por tanto, en esta cosmovisión aristotélica, todo tiene un objetivo que, según Aristóteles, consiste en alcanzar la perfección que le es propia por naturaleza.

## El amigo de la verdad

Una buena introducción a Aristóteles podría ser el análisis del famoso dicho que se le atribuye: «Soy amigo de Platón, pero más amigo de la verdad». En la primera parte de este dicho, Aristóteles expresa el aprecio que sentía por su maestro. Pero en la segunda parte deja claro que hay que matar al padre en Filosofía y en cualquier otra disciplina; hay que atreverse a pensar por uno mismo aunque este discurrir te lleve por un camino diferente, en algunos aspectos o en todos, de la leche intelectual que mamaste. Entonces un dato que podemos deducir es que fue un buen discípulo, atreviéndose a cuestionar a su maestro, al menos en algunos aspectos. Y si seguimos analizando la segunda parte del dicho aristotélico, habría que averiguar qué entiende este por verdad. Más aún, ¿por qué relaciona a Platón con la verdad, o mejor, con la manera en que él, Aristóteles, entiende la verdad?

### *Realismo: decir de lo que es que es y de lo que no es, decirlo también*

Estableció una teoría de la verdad como correspondencia entre el pensamiento, expresado mediante el lenguaje, y la realidad. ¿Qué es la verdad, pues? «Decir de lo que es que es y decir de lo que no es que no es». Por ejemplo, puedo expresar mediante una proposición: «Este panel indica las especies botánicas del Parque de Málaga». Y esto que acabo de afirmar se corresponde con la realidad. Digo de lo que es que es. Es una proposición verdadera, pues refleja la realidad. En cambio, imaginemos que expreso ahora otra cosa diferente: «Este panel indica las paradas de autobús en el Parque de Málaga». No se corresponde con la realidad. Digo de lo que no es que es. Por tanto, es una proposición falsa. Esta teoría nos resulta válida solo si estamos de acuerdo en que el lenguaje se refiere a la realidad. Si la aceptamos, podemos deducir que la proposición platónica: «Las ideas, suprasensibles y trascendentes, son la verdadera realidad» no se correspondería con la realidad y, por tanto, sería falsa, según Aristóteles. Este la podría reescribir de este modo: «Las ideas son inmanentes a los seres». Y esta última proposición implica una corrección importante a la teoría de las ideas de su maestro Platón.

### La navaja de Aristóteles

Aristóteles es un amigo de la verdad, de la verdad de la buena, valga la redundancia, y no se casa con nadie, ni siquiera con el rico aristócrata de las «anchas espaldas». Así que realiza una crítica a la teoría de las ideas o esencias universales platónica. ¿Qué es lo que no acepta de esta? Recordemos que la teoría de la ideas afirma la existencia de esencias universales, fundamento de todas las cosas que percibimos. Pero no se queda ahí, sino que defiende también que ese fundamento es la única realidad verdadera y, por tanto, el único conocimiento legítimo. Dicho de este modo, según la perspectiva platónica, la idea de hombre es más real y verdadera que los hombres particulares que percibimos en nuestro día a día. Así, Pepe, Antonio, Aristóteles… son menos reales y verdaderos que la idea o esencia universal de hombre. Platón minusvalora la información proveniente de los sentidos; las percepciones son individuales y subjetivas. A su juicio, a partir de ellas no se puede obtener un conocimiento estable, universal y objetivo. La razón es el único medio válido de acceso al conocimiento de esas esencias universales de las cosas. Aristóteles manifiesta otro talante diferente. Cree que, si bien las percepciones son el punto de partida del conocimiento y no podemos prescindir de ellas, está de acuerdo con Platón en que el conocimiento válido es siempre de lo universal. Aunque lo universal, y esto es una diferencia relevante entre ambos pensadores, la esencia de la cosas, está en las cosas mismas, no separada de ellas, según Aristóteles. El mundo de las esencias, expresadas en el lenguaje por el concepto, no tiene sentido aislado del mundo que percibimos. Las esencias de las cosas, lo que Platón llamó ideas, están en esas cosas. No tiene sentido que las separemos y creemos un nuevo problema. No existe la esencia o modelo ideal de hombre, sino los hombres particulares, los que percibimos todos los días. Aquellos que realizan en sí la especie «ser humano» y el género «masculino».

### *El tercer hombre, la tercera palmera...*

Para explicar lo improbable que es la existencia trascendente, supraempírica, de esas esencias universales que planteaba Platón, Aristóteles introduce una hipótesis: se trata de imaginar que existen modelos o copias de cada ser que percibimos. Así, de cada individuo del género masculino existe una idea de hombre. De cada Pepe, Antonio, Aristóteles... existe una idea o esencia de hombre. Pero ¿qué le hace pensar a Platón que no exista una idea de la idea de hombre y después de esta otra idea, así sucesivamente hasta el infinito? Esto es sumamente extraño y no facilita la explicación de los hombres que percibimos. ¿Existen otros lugares, un mundo o varios mundos de las ideas? Bastante tenemos, cree Aristóteles, con explicar este mundo que percibimos, ya de por sí complejo. La teoría de las ideas de Platón no ayuda, sino que resta, por complicar más lo que ya es de por sí complicado: explicar la naturaleza percibida. No existe el tercer hombre ni tampoco existe la tercera palmera. Entonces empecemos, por ejemplo, explicando una de estas palmeras de este parque, aquello que tiene en común con otras y aquello que la distingue de las demás.

### *No todos los cambios son iguales*

Aristóteles considera que Parménides niega la naturaleza, puesto que esta es, para él, fundamentalmente un proceso. No se puede negar que la naturaleza está en constante cambio. Pero para eso hace falta no renunciar a la información empírica, a aquello que percibimos. Parménides redujo su estudio del ser a una perspectiva exclusivamente lógica, formal. El ser es, siempre ha sido y será eternamente; no puede cambiar. Aristóteles le replica a Parménides en su texto *Metafísica*, una obra que recopila textos de diferentes épocas sobre el tema que él considera capital investigar y clarificar, el ser. A esta investigación la denominaba la Filosofía primera porque la consideraba el fundamento de todos los demás saberes. Es cierto que el término «metafísica» nunca lo empleó el filósofo de Estagira, sino que tiene su origen en Andrónico de Rodas, que en el siglo I se encargó de ordenar los escritos recogidos por los alumnos de Aristóteles en su escuela, el Liceo, después de la muerte del maestro. Andrónico encontró un montón de textos sobre una disciplina desconocida para él y no sabía cómo llamarla. Finalmente, como esos escritos estaban justo al lado de otros que trataban acerca de la naturaleza, de la *physis*, denominó a los escritos *Metafísica*, que, literalmente, significa «más allá de la física». Volviendo a la réplica de Aristóteles a Parménides, lo primero que le contesta es: «El ser se dice de muchas maneras». O lo que es lo mismo: «No todos los cambios son iguales».

### *Tirando del hilo de la teoría hilemórfica: una visión estática del ser*

¿Afirmaríamos que es similar pasar de estar vivo a fallecer que ser moreno y teñirse de rubio? ¿Es lo mismo que esta palmera esté viva o muerta a que le poden alguna rama? En ambos casos hablamos de un cambio, pero en los primeros casos se plantea un cambio sustancial y en los segundos, un cambio accidental. Pero ¿qué es sustancial y accidental? Son conceptos clave de la filosofía aristotélica, que pertenecen a su teoría acerca de la sustancia. Para entenderlos mejor es necesario conocer la teoría hilemórfica de Aristóteles. En ella el filósofo afirma que todos los seres que existen son sustancias, compuestas de materia y forma. Estas palmeras están compuestas de tronco, ramas, hojas, etc. Pero también el ficus está compuesto de madera, ramas, hojas, etc. Gracias a la diferencia de forma entre ellos, es decir, aquella estructura u organización característica de uno y de otra, podemos diferenciar que pertenecen a especies distintas. Volvamos al ejemplo de la palmera. El ser-en-sí es la sustancia, es decir, la palmera; el accidente nunca existe en sí mismo, necesita de otro ser para darse. Por eso, el accidente es siempre ser-en-otro. No se le puede cortar a una palmera una rama si esta no se encuentra previamente en una palmera. Pero Aristóteles da un paso más allá, puesto que la teoría hilemórfica de la sustancia es una explicación estática de la naturaleza, una descripción de los seres naturales similar a una fotografía, sin reflejar el dinamismo interno de estos. Para reflejar ese dinamismo interno elabora otro par de conceptos, la potencia y el acto. Incluso define el movimiento, el cambio, como «el paso de la potencia al acto».

### *La potencia y el acto: la visión dinámica del ser*

Cualquier palmera, prolíficas en el Parque de Málaga, viene perfecta para explicar la potencia y el acto aristotélicos. Si en este momento observamos una de las palmeras en pleno desarrollo, se trata, sin duda, de una palmera en acto, actualmente. Pero ¿siempre tuvo esta altura? ¿Tuvo siempre las mismas ramas y hojas? No, por supuesto. La palmera proviene de una semilla. Esa semilla fue en potencia esta palmera. «Potencia» no significa «mucha fuerza» en la jerga filosófica de Aristóteles, sino «capacidad, posibilidad de ser». La semilla puede convertirse algún día en palmera y, de hecho, esta semilla lo consiguió. En cambio, si observamos cualquier piedra de estos parterres, no tiene capacidad ni posibilidad alguna de ser, algún día, una palmera. Recordemos que Aristóteles pensaba que el cambio en la naturaleza se explica cuando los seres pasan de la potencia al acto, a alcanzar efectivamente, de hecho, la perfección que les es propia por naturaleza.

### *Dame cuatro causas y explicaré el mundo*

El término «causa» en el pensamiento aristotélico hace referencia a todo factor que interviene en un proceso y que hay que conocer para comprender este perfectamente. Por ejemplo, si queremos saber qué es la lluvia tenemos que averiguar de qué está hecha, qué tipo de estructura tiene y qué la diferencia de otros fenómenos similares como la nieve, qué es lo que la produce y qué finalidad tiene esta en la naturaleza. Conocer qué es algo es conocer sus causas y en eso consiste la ciencia en la Antigüedad. Aristóteles encontró cuatro causas explicativas: material, formal, agente o eficiente y final. Veamos un ejemplo de esas cuatro causas en un objeto artificial, creado por el ser humano, un pantalón. ¿De qué está hecho? De tela (causa material). ¿Qué forma o estructura tiene? La de un pantalón y no la de otra prenda de tela, como puede ser una camisa (causa formal). ¿Qué o quién lo ha hecho? La fábrica de pantalones (causa agente o eficiente). ¿Para qué se ha hecho? Para cubrir una parte del cuerpo (causa final). Pero ¿y en los seres naturales? ¿Cuáles son esas cuatro causas? Establezcamos las cuatro causas en un ser humano concreto. Por ejemplo, tomemos al mismísimo Aristóteles. ¿De qué está hecho? De músculos, huesos, etc. ¿Qué forma o estructura tiene? La propia de su especie (ser humano) y de su género (hombre). ¿Qué o quién lo «ha hecho»? Sus progenitores. ¿Para qué se ha hecho? Para reproducir la especie.

### *El universo es una cebolla*

La concepción del universo aristotélica perduró más de diez siglos en la cultura occidental. Un universo con forma de cebolla, finito y geocéntrico, dividido en dos ámbitos con características opuestas: el mundo sublunar y el supralunar o celeste. En el ámbito sublunar, la Luna hace de frontera entre ambos mundos. Están presentes en él los cuatro elementos (agua, tierra, aire y fuego) con la Tierra inmóvil en el centro. Un ámbito mutable y perecedero, considerado imperfecto por ello. En cambio, por encima de la Luna se encontraba el perfecto mundo celeste. Aquí cada uno de los planetas estaba incrustado en una esfera cristalina diferente y el único elemento presente era el éter, sustancia incorruptible. Esas esferas se movían en círculos perfectos. ¿Qué había después de la última esfera cristalina donde estaban incrustadas las estrellas fijas? Nada. La nada. Era un universo apacible y cerrado, bien distinto a la imagen del universo actual, infinito hasta el vértigo.

### *Para mover todo, debe ser inmóvil*

Ahora bien, en ese universo finito ¿qué produce el movimiento de las esferas? Debe existir algo que las ponga en movimiento. Pero todo lo que se mueve es movido por algo y es imposible seguir este proceso hasta el infinito, pues se trata de un universo finito, cuyo límite es la bóveda celeste. Además, recordemos que cada ser natural tiende a la perfección, que le es propia por naturaleza. Entonces Aristóteles, siendo coherente con su sistema filosófico, afirma la existencia de un primer motor inmóvil, una inteligencia suprema que produce los diferentes cambios en los seres naturales, poniendo en marcha a todo el universo de una forma racional. Ese motor inmóvil constituye el tope de ese universo finito. Es un motor perfecto, por lo que no necesita iniciar ningún proceso de perfeccionamiento alguno y así se queda, inmóvil.

## *Epílogo: la siesta de Aristóteles*

Aristóteles dormía plácidamente la siesta. Hacía ya un buen rato que había terminado de impartir su última clase matutina en el Liceo y aquello de pensar mientras se caminaba cansaba bastante, por lo que, después de almorzar con Teofrasto, uno de sus discípulos más aventajados, había llegado a casa y se había echado en el diván, pensando precisamente en él: «¡Qué buen mozo y qué inteligente! Será, sin duda, un digno sucesor mío en el Liceo...». De este modo discurría su pensamiento hasta que el sueño le venció...

PLATÓN.— ¡Oye, Aristóteles! ¡Eh, venga, vamos! ¡Despierta de una vez! (Aristóteles se mueve un poco en el lecho, suelta un gruñido y se vuelve de espaldas. Platón le da un buen coscorrón en la cabeza). ¡Otra vez dándole la espalda a tu maestro! Tienes que explicarme eso de que eres más amigo de la verdad que amigo mío, Aristóteles.

ARISTÓTELES.— ¡Ay! Pero... ¿Maestro? ¿Eres tú de verdad? ¡Qué gusto verte! Pero no es posible que estés aquí, va contra las leyes de la lógica...

PLATÓN.— ¡Olvídate ahora del principio de no contradicción! Hay hechos que la lógica no explica. Seguramente porque la razón humana, ligada al cuerpo, es limitada e imperfecta. ¿Por qué crees que seguí introduciendo mitos en mis obras? Los mitos son un plus a la racionalidad, nos permiten continuar más allá de esta... ¡Mira el éxito del mito de la caverna!

ARISTÓTELES.— Maestro, con todos mis respetos, no estoy de acuerdo. La lógica, el estudio de cómo los seres humanos pensamos de forma universal, debe ser la base de la que partan todos los saberes. Además, el conocimiento debe partir de las percepciones sensibles. A partir de estas podemos obtener un conocimiento universal de toda la realidad.

PLATÓN.— ¡Cuánto te has alejado de lo que aprendiste conmigo! ¡Si los sentidos son engañosos! ¿Cómo vamos a fundamentar en ellos el conocimiento? El conocimiento verdadero debe tener origen en la razón, que es la única que puede captar la verdadera realidad, las ideas. ¿No lo recuerdas, Aristóteles?

ARISTÓTELES.— Después de investigar cómo son los seres vivos durante años llegué a la conclusión de que sus esencias, lo que son, están en esos mismos seres, no separadas de ellos en un supuesto mundo ideal. A esa esencia la he llamado sustancia primera, que son los individuos; a la especie a la que pertenecen, la sustancia segunda. Me dejé llevar por mi inquietud intelectual, en lugar de guiarme por el principio de autoridad que tu pensamiento representaba. El resultado de mis investigaciones me llevó a criticar tu teoría de las ideas… Simplemente, no me cuadraba, maestro.

PLATÓN.— Veo ahora que no me equivoqué eligiendo a mi sobrino Espeusipo para sucederme en la Academia. Te has olvidado del valor de las matemáticas. Recuerda el lema de nuestra escuela, sobre el marco de la entrada: «Que no entre aquí quien no sepa geometría».

ARISTÓTELES.— La biología, el estudio de los seres vivos, y no las matemáticas, es la clave para la comprensión de la realidad. Cuando observas la perfección de los seres naturales te das cuenta de que la divinidad existe y ha creado este inmenso proyecto que es el universo. Todo lo que existe está planificado por una inteligencia suprema, maestro. Tú hablaste también del demiurgo… Sinceramente, creo que tenemos más puntos en común de lo que piensas.

PLATÓN.— Aristóteles, eras uno de mis mejores discípulos. Quiero saber si sigues teniendo la misma inteligencia brillante de siempre… ¡Demuéstrame eso que acabas de decir!

ARISTÓTELES.— Ambos creemos que el conocimiento, la episteme, tiene como objeto lo universal, no los seres particulares. También coincido contigo, maestro, en que las ideas o las esencias, lo que yo llamo sustancias, son el objeto propio de la episteme, aunque yo esas sustancias las encuentre en los propios seres y no fuera de estos, en otro mundo. Así elimino la duplicación de mundos que realizaste. Simplifico porque ya es bastante complicado explicar este mundo que nos rodea, el que percibimos. Por último, estamos de acuerdo en que es la razón, una propiedad exclusiva del ser humano, la que debe dirigir nuestras vidas, aunque sí difiero de ti en que se puede alcanzar la sabiduría perfecta, precisa, sobre todos los aspectos. Hay conocimientos imperfectos, no es posible un saber riguroso sobre la ética ni sobre la política, porque una cosa es la teoría y otra la práctica… Lo sufriste en tus propias carnes, maestro, cuando intentaste hacer cambiar de parecer al tirano Dionisos y que aceptase hacer realidad tu proyecto político en Siracusa. ¿Estoy equivocado?

PLATÓN.— Sigues siendo muy despierto, Aristóteles. Tu argumentación está muy bien construida. Es cierto lo que dices. A grandes rasgos, coincidimos en nuestras propuestas filosóficas. Aunque, querido discípulo, soy más progresista que tú en algunos aspectos. Sabes que le doy la misma importancia a la mujer que al hombre en el diseño del estado justo de la República… Y, perdona que te diga, te pasas un montón con las mujeres. Las consideras un mero receptáculo para el semen del varón y, encima, las denominas «hombres imperfectos»… Pero Aristóteles, hijo, ¿en qué piensas?

ARISTÓTELES.— Mis ideas acerca de la mujer no se alejan demasiado de mis contemporáneos. Ni siquiera de ti, maestro. Defendías la igualdad de la mujer y el hombre en la teoría, pero no aceptaste a ninguna en la Academia. La biología muestra a la mujer como un ser menos fuerte, dependiente para su supervivencia del varón. Además, hasta ahora lo que sabemos es que la «semilla», el origen de la vida, está en el hombre y no en la mujer, que es un mero recipiente.

PLATÓN.— Mis ideas acerca de la igualdad entre hombres y mujeres necesitaban tiempo de aceptación, pues eran bastante revolucionarias para la época. Esa igualdad en la que creo reside en que tanto el varón como la mujer tienen la capacidad para razonar, por lo que pueden ser igual de buenos en todas las tareas que se propongan, especialmente en aquella para la que estén dotados por naturaleza. Aunque todas ellas son igual de importantes para el mantenimiento de la sociedad: productores, guerreros o gobernantes… ¡Ahora todos quieren gobernar!

TEOFRASTO.— ¡Maestro, maestro! ¡Despierte, es solo una pesadilla! (Aristóteles se despierta y mira con cara de bobo a Teofrasto). He venido a buscarle para ir juntos a las clases de la tarde y me lo he encontrado gritando… Un mal sueño, ¿no?

ARISTÓTELES.— No lo sabes tú bien, Teofrasto… Anda, vámonos para el Liceo, que se nos hace tarde.

# 4. Parque de Málaga: glorieta del Fiestero de los verdiales

Esta glorieta del Parque está dedicada al fiestero. Se denomina de esta forma a un miembro que canta en una panda de verdiales. La glorieta tiene una escultura en su centro, que lo representa mientras está cantando. Los verdiales son una manifestación del folclore típica de la provincia de Málaga, calificados como Bien de Interés Cultural en el año 2010 por la Junta de Andalucía. Los verdiales son un cante y un baile, acompañados de música. Aunque la base musical de todos los verdiales es el fandango *abandolao*, se trata de una manifestación artística, musical y ritual de fusión entre elementos de las distintas culturas que han vivido desde la Antigüedad en la provincia. La cultura fenicia está representada en los verdiales por el uso de los platillos, que los fenicios llamaban crótalos; la cultura romana está relacionada con los verdiales debido a que estos formaban parte de las fiestas en honor a Saturno y las celebradas por el solsticio de verano y de invierno; por último, también la cultura musulmana está presente en los verdiales, ya que se considera que los fandangos provienen de las moaxajas, un tipo de poesía que empezó a cantarse en la provincia de Córdoba.

# Los sofistas: la excelencia en la educación, bien merece cuantiosa inversión

## *Los «conveníos» de los sofistas*

Los sofistas fueron un grupo de intelectuales surgidos en el siglo V a. C., que llegaron a Atenas desde distintos lugares atraídos por la nueva situación política de la polis griega, en la que se había instaurado la democracia frente al anterior sistema aristocrático. La democracia había abierto las puertas de la participación política al pueblo mediante la asamblea. Los miembros jóvenes de las familias atenienses pudientes querían estar bien preparados para triunfar en la práctica política. La técnica oratoria era clave para persuadir a los ciudadanos. Los sofistas respondieron a esta demanda, dedicándose a la enseñanza de aquellas disciplinas que resultasen de utilidad para tener éxito en el ámbito político, con gran popularidad, especialmente entre la juventud, y consiguiendo cuantiosas remuneraciones por su docencia. Fueron los primeros que hicieron de la enseñanza una profesión y elaboraron para ello una programación educativa destinada a formar a políticos exitosos. Recibieron grandes críticas tanto de los ámbitos más tradicionales de la cultura griega como del ámbito filosófico. La aristocracia ateniense defendía que la política no se podía aprender, puesto que era un arte que poseía de forma exclusiva el linaje noble de forma innata. Sócrates y Platón rechazaron a los sofistas porque cobraban por enseñar, tachándoles de interesados y, lo que es peor, con sus enseñanzas defendían que cualquiera con la técnica adecuada podía convencerte de cualquier cosa, abriendo las puertas del gobierno de la ciudad no a los filósofos, los únicos conocedores del Bien, sino a los más astutos oradores movidos por el interés propio y no por la búsqueda del bien de la comunidad. ¿Podemos encontrar una similitud entre los sofistas y los políticos actuales entonces? No, rotundamente, ya que los primeros, maestros de *areté* (virtud, excelencia), poseían, como diferencia notable con respecto a los segundos, una oratoria de calidad que hundía sus raíces en una vasta cultura. Además, para ser equitativos hay que decir que el pensamiento de la sofística nos ha llegado a través de sus detractores, como Platón, que siempre los coloca en el lugar de los que están siempre equivocados.

De hecho, el significado de sofista es «sabio», muy diferente al significado de filósofo, que significa «amante de la sabiduría». Entre esos dos términos hay una diferencia no solo etimológica, sino también mercantil. ¿Quién contrataría a un profesor que no se llamase a sí mismo «maestro de virtud», sino «aspirante a la sabiduría»? No sé inglés, matemáticas o retórica… Aspiro a saber inglés, matemáticas o retórica. Pues que pase el siguiente, a ver si sabe. Muy al contrario, el sofista sostiene el semblante de aquel que sabe y ese saber lo puede vender como mercancía; el filósofo aspira a la sabiduría, es su amante para siempre. No posee el saber, aspira a él. ¿Será que nunca se termina de aprender? Pues no, pero podemos, a ratos, jugar a ser sofistas y hacernos los sabihondos. Entonces el sofista no es que no sepa, sabe bastante, es un docto; pero nunca se cuestionará si sabe o no, a diferencia del filósofo. El sofista sabe y su saber está en venta. Por otra parte, toda cultura está constituida por elementos simbólicos que necesitan transmitirse para que ella misma perdure en el tiempo. Los sofistas, muy despiertos, se dieron cuenta de las necesidades en este sentido del contexto histórico-cultural griego y, como la mayoría de los mortales, tenían que ganarse el pan y lo hicieron bastante bien. Mientras, Sócrates era un mantenido de sus alumnos y Platón nunca necesitó trabajar, pues su familia pertenecía a la pudiente aristocracia ateniense.

Aunque hay características comunes entre los distintos sofistas, como su postura de crítica ilustrada frente a los principios de la tradición y la religión griegas, existen diferencias entre ellos e incluso una evolución en su paradigma intelectual. Sorprende del movimiento sofista la vigencia de los temas que plantearon en el siglo V a. C., tales como el relativismo cultural y la represión de las pulsiones que conlleva la vida en sociedad. Por último, es preciso señalar que los sofistas pertenecen al denominado período antropológico del pensamiento antiguo, al igual que Sócrates, puesto que el análisis más importante no es el de la naturaleza del universo, sino el de la naturaleza humana y su microcosmos propio, la polis. De la visión naturalista del período cosmológico representado por los físicos presocráticos, comparable a un objetivo panorámico del cosmos, pasamos con la sofística a una visión microscópica del cosmos, centrada en la naturaleza, pero del ser humano. Una vez respondida la cuestión acerca de qué es el ser humano, será posible elegir lo mejor para nosotros, inquietud que compartirán con Sócrates a pesar de sus muchas discrepancias.

### *Depende, todo depende…*
### *de según cómo se mida: Protágoras*

Amigo personal de Pericles, el iniciador de la democracia en Atenas y del período de su mayor esplendor cultural. Pericles lo enchufó en la élite ateniense y le encargó a dedo la redacción de una Constitución para una de las colonias griegas.

Protágoras es conocido por ser el papá del relativismo en Occidente. Afirmó que «el hombre es la medida de todas las cosas» (*homo mensura*). El ser humano lleva siempre consigo una especie de calibre de bolsillo (intelectual y/o sentimental) y con él mide, compara y valora todo lo que ocurre a su alrededor.

En consecuencia, no existe ningún valor universal, pues todos ellos son relativos a la percepción individual de cada cual. Gran viajero, Protágoras conoció muchas culturas distintas a la griega, lo cual le facilitó pensar que lo que se considera bueno y justo en un lugar, es aborrecible e injusto en otro.

Elaboró un método llamado antilogía, del cual se consideraba maestro. Con tal método presumía de «poder hacer más fuerte el argumento más débil». De cada argumento que podamos defender existe un argumento contrario al mismo, igualmente defendible. Este método desarrollado por Protágoras nos muestra que un razonamiento está formado por dos caras de una moneda y que estas son igualmente válidas si tenemos la técnica argumentativa necesaria para demostrar ambas. Protágoras enseñaba esta técnica a sus discípulos y cobraba sustanciosamente por ello. ¿Quizás Jantipa hubiese sido más feliz, o al menos no hubiese pasado hambre, si se hubiese casado con él, en lugar de haberlo hecho con el pobretón de Sócrates? Pero ¿todo es relativo para este maestro de la persuasión? Únicamente la utilidad parece escapar al relativismo. Protágoras está a favor de que existan leyes y normas morales en la sociedad, aunque estas no sean ni universales ni absolutas en modo alguno, porque las considera útiles para hacer más fácil la convivencia entre los ciudadanos. La sabiduría consiste en captar qué es lo útil y conveniente en un contexto cultural y social determinado y convencer a los demás de ello, para lo cual tenemos la herramienta del discurso persuasivo.

## *Na de na: Gorgias*

Se hizo célebre por sus enseñanzas basadas en la retórica, que consistía para Gorgias en el arte de seducir y convencer mediante la palabra. Esta forma de entender la retórica proviene de su defensa de que la nada es, invirtiendo la propuesta de Parménides. Por tanto, si la nada es, no es posible tampoco el conocimiento del ser y, aunque supongamos que algo sea y que conozcamos ese algo, ¿cómo podemos transmitirlo a los demás? Gorgias comienza el nihilismo occidental. Las palabras son meros sonidos que no nos pueden ayudar a conocer el ser ni alcanzar verdad alguna, puesto que solo la nada es. Sin embargo, las palabras usadas con habilidad pueden ser tremendamente útiles para conseguir los fines que nos propongamos. Son una herramienta de poder a través de la sugestión, ya que estas, bien empleadas gracias a una técnica aprendida, de la cual Gorgias se consideraba experto docente, consiguen manipular a los demás: que rían, lloren, actúen, etc. Con el uso adecuado de esta técnica retórica puedo demonizar o dignificar lo que me interese en un momento dado. Es ingenuo, desde la perspectiva de Gorgias, creer que las palabras se refieren a la realidad.

Un buen político debe conocer el arte de la retórica si quiere tener éxito en su labor. Además, la retórica tiene otra vertiente útil para los poetas, porque ambas tareas, la del artista y la del político, implican ponerse en escena con un discurso seductor y persuasivo, que será la clave para obtener la victoria, entendida como el reconocimiento del discurso por parte del público. No importa solo el qué decir, sino cómo decirlo. Gorgias sabía que las razones pueden ser muy buenas, pero hay que saber presentarlas en la forma adecuada.

## Lo natural manda: *Hipias y Antifonte*

Ambos son los representantes máximos de la corriente naturalista dentro del movimiento sofista. Establecieron la famosa oposición entre naturaleza (*physis*) y ley (*nomos*) o, lo que es lo mismo, ley natural versus ley positiva.

Hipias de Elis fue el primero en introducir esta disyuntiva, afirmando además que la ley natural igualaba a todos los seres humanos, mientras que la ley positiva introducía la desigualdad entre ellos. La ley positiva va contra la naturaleza humana, instintiva. No puede ser bueno para ningún ser de la naturaleza ir en contra de sus pulsiones más básicas. Si nos fijamos en los animales y en el niño sin educar todavía, observamos que en los primeros rige la ley del más fuerte y en los segundos, el principio del placer, eludiendo el dolor y buscando lo placentero. Frente a Protágoras, defiende que las leyes no solo son convencionales, sino perjudiciales para los hombres. Realiza una crítica a la creencia fuertemente arraigada del pueblo griego de considerarse superior a otros pueblos, aquellos que eran calificados de bárbaros, ya que la ley natural los hermana. La actitud intelectual de Hipias denuncia la xenofobia griega de la época.

Antifonte es más radical que Hipias en el planteamiento de la ley natural versus la ley positiva. Está convencido de que hay que desobedecer siempre que se pueda a las leyes positivas, sin que nos pillen con las manos en la masa para evitar el castigo que supone. Muchos de nuestros conciudadanos son seguidores, sin saberlo, de la sofística naturalista. A Antifonte se le puede tachar de amoral, pero no de mentiroso. Es bastante sincero. ¿Quién no ha fantaseado con cometer un delito o, como mínimo, una travesura sin ser descubierto? En muchas ocasiones es el miedo al castigo lo que nos frena. Pero ¿siempre nos detenemos por miedo a la posible punición o hay otros motivos?

Para Hipias y Antifonte, los seres humanos debemos seguir, pues, los preceptos de la ley natural, la única verdad que existe, frente a lo artificioso de las leyes culturales creadas por los seres humanos. ¿Qué nos diferencia entonces de los animales? ¿Que somos los únicos que establecen leyes que condenan nuestra propia naturaleza pulsional?

Desde luego, el movimiento intelectual de la sofística en su conjunto resulta ser un tortazo en la cara de la tradición griega y de la Filosofía entendida como búsqueda desinteresada de la verdad universal. Los sofistas establecen que no hay verdad, solo verdades pequeñitas y convenientes. Y detrás de cada verdad hay siempre un interés. Además, nos plantean de forma cruda la infelicidad que causa la vida en sociedad, anticipando lo que Sigmund Freud, muchos siglos después, en el XX, denominó el malestar en la cultura. Un malestar imposible de erradicar, porque para que haya cultura debe haber necesariamente represión de pulsiones. Por otra parte, ¿todos los principios sobre los que se fundamentan las sociedades occidentales son relativos y convencionales? ¿Y los derechos humanos? Estas preguntas son plenamente actuales, más si cabe en Andalucía, tierra de convivencia multicultural por excelencia desde la Antigüedad. Sobre una manifestación artística, en este caso folclórica, como es el caso de los verdiales, podemos considerar que no tiene demasiada importancia decidir si nos gustan o no, ya que no tendrá un peso determinante en nuestra existencia ni en la de los demás. Sin embargo, no todas las manifestaciones culturales son respetuosas con los individuos. El caso de las mujeres en las diferentes culturas es paradigmático, desde la obligación de conservar la honra hasta el matrimonio hasta los casos de mutilación genital femenina. ¿Alguna vez, algún día, si es cierto que las leyes y normas morales son relativas y convencionales, lo serán en relación al ser humano, hombres y mujeres? De lo que no hay duda es de que las leyes y normas morales que han existido hasta hace bien poco, si eran relativas y convencionales, lo eran solo al varón.

# 5. Parque de Málaga: escultura del burrito Platero

En el mismo parque infantil, frente al tobogán y los columpios, se encuentra esta escultura en bronce, homenaje al burrito de la narración poética *Platero y yo* del poeta onubense Juan Ramón Jiménez. Se trata de una obra realizada por el escultor malagueño Jaime Fernández Pimentel, artista creador de esculturas icónicas de Málaga como el Cenachero, situado en la plaza de la Marina, o el Biznaguero, en el centro de los jardines de Pedro Luis Alonso, cuyas imágenes se continúan reproduciendo en las postales para turistas. Pimentel completó su formación artística en algunos países nórdicos europeos como Finlandia, Suecia y Noruega. Después pasaría un tiempo de aprendizaje en tierras estadounidenses. Es innegable la popularidad de sus esculturas en Málaga, siendo la de Platero un recuerdo de la infancia de muchos malagueños. Es raro el que no tiene una fotografía suya, de pequeño, subido en el lomo de Platero o una fotografía encima de los desgastados lomos de la escultura, de más mayor, después de una noche de botellón.

## Los cínicos: amores perros

### *El interés por la naturaleza humana*

Con los cínicos comienza una nueva etapa en el pensamiento de la Grecia antigua, el período helenístico, que se inicia alrededor del siglo IV a. C. y finaliza en el siglo I a. C. En ella se buscan respuestas prácticas a las urgencias que se les planteaban a los griegos en el contexto de una crisis de su cultura y de su identidad, debida a la invasión y el control de su gobierno por parte del Imperio macedonio del rey Filipo y, posteriormente, de su descendiente Alejandro Magno. Ya no hacía falta la participación política del ciudadano, que tan relevante había sido en la idiosincrasia del pueblo griego, puesto que era el emperador extranjero el que gobernaba en exclusividad. ¿Qué le queda al griego en estos momentos? Preocuparse por sí mismo a partir de reflexiones encaminadas a una praxis que tenga como resultado la consecución de una buena vida. ¿A qué se debe este cambio? De considerarse fundamentalmente ciudadano en la polis, el hombre griego pasa a sentirse individuo en una cosmópolis. Significa, pues, el tránsito del ciudadano al individuo. El problema de la naturaleza continúa siendo el de la naturaleza humana, inaugurado por Sócrates y los sofistas. Pero ahora se trata de la naturaleza humana desvinculada de la sociedad política. El objeto primordial de la indagación filosófica es la naturaleza humana individual, dejando no solo de lado el aspecto político-social, sino denunciando sus carencias. Por eso mismo, Diógenes de Sínope, uno de los principales representantes del cinismo antiguo, estaba orgulloso de que sus conciudadanos encontrasen su comportamiento más cercano a los canes que a la especie humana, con claro ánimo de ofenderle; Epicuro llegó a afirmar que si deseabas alcanzar una buena vida te debías alejar de la política, y el emperador estoico Marco Aurelio consideraba a lo más íntimo del ser humano, el intelecto, el cobijo y la clave para discernir la mejor acción frente a otras. Como vemos, esta forma de abordar la problemática filosófica es común a estas escuelas de pensamiento del período helenístico, siendo además las más importantes de esta etapa el cinismo, el estoicismo y el epicureísmo.

## *Veo a un perro, no veo el perro: Antístenes*

La raíz de la palabra cínico, en griego, es «perro», haciendo referencia al rechazo cultural como modo de vida que proponían los filósofos de esta escuela, y en modo alguno representaba un insulto para sus miembros, sino todo lo contrario: era un honor ser denominado así. Otra narración acerca del origen de la palabra cínico, no contradictoria con la primera, es la que afirma que Antístenes impartía sus enseñanzas en el gimnasio Cinosargo, cuya traducción del griego es «el perro ágil», un nombre muy apropiado para un lugar destinado a ponerse en forma.

El primer cínico fue un discípulo de Sócrates y del sofista Gorgias, llamado Antístenes de Cirene, que encontró en los animales un modelo de aprendizaje para los seres humanos. Antístenes no creía que la función de la Filosofía fuese el planteamiento de problemas especulativos, sino que esta consistía en acciones encaminadas a hacerse mejor como ser humano, a alcanzar la virtud. Asimismo, defendía un materialismo, afirmando que solo existen los individuos particulares, a los que señalamos con el nombre propio. Por esta razón, le espetó a Platón, defensor acérrimo de las esencias universales o ideas, que él «veía el caballo, pero no la idea de caballo». Para Antístenes, la virtud es el conocimiento más importante que se puede obtener y consiste en practicar aquello que me sirva para lograr una vida feliz, una vida buena (que no es lo mismo que darse la «buena vida»). No existe bien mejor para el ser humano que la virtud. Esta última no tiene nada que ver con elaborar teorías filosóficas que resultan inútiles por ser meramente estériles elucubraciones. Es necesario eliminar lo máximo posible los vínculos sociales que, en opinión del cínico, debilitan y perturban la búsqueda de la virtud. De ahí que la autarquía sea una característica principal de su actitud filosófica.

## *Desplumando pollos por la causa cínica: Diógenes de Sínope*

El filósofo cínico más célebre es, sin duda, Diógenes de Sínope. Llevó a su máxima radicalidad las prácticas cínicas, no distinguiendo de ellas su propia vida. Hay pocos pensadores tan coherentes como Diógenes, que todos los días de su vida, a todas horas, practicaba lo que pensaba. Se dice que paseaba con un candil encendido a plena luz del día, en las zonas de mucha aglomeración de gente como el mercado, voceando que buscaba al hombre, denunciando así lo poco coherentes que eran sus conciudadanos, pues no se ocupaban de encontrar la virtud, el único bien posible para el hombre, dándole prioridad a cualquier otro asunto, considerado banal desde el marco intelectual-vital del cinismo.

Otra anécdota famosa es la reducción al absurdo a la que sometía las teorías de los filósofos oficiales de Atenas. Diógenes se atrevió a hacérselo al mismísimo Platón. El fundador de la Academia estaba disertando con sus discípulos sobre la óptima definición de hombre, concluyendo, después de una larga parrafada, que la definición más perfecta de hombre era la de «bípedo implume». Es decir, un ser que se sostiene sobre dos piernas o patas y no tiene plumas. Diógenes desplumó un pollo y se lo lanzó a Platón, exclamando: «¡Ahí tienes a tu hombre!». Aunque la más famosa de estas narraciones es la del encuentro entre el emperador Alejandro Magno y Diógenes. El filósofo se encontraba en aquellos momentos tumbado, tomando el sol. El emperador se acercó a él, se presentó como el gran Alejandro y le dijo que podía pedirle lo que deseara, pues se lo concedería. Diógenes le espetó que lo único que deseaba es que se apartase para retomar su baño de sol. Mostraba así su no sumisión al poder establecido, siguiendo el principio cínico de la autarquía con todo el rigor posible. Diógenes vivía con la misma libertad que los perros callejeros, sin planificar nada. El bastarse a sí mismo (autarquía) y el ejercicio físico, entendido como un entrenamiento que fortalecía el ánimo, favoreciendo la obtención de la virtud; también muy importante permitirse, frente a los artificios sociales, decir y actuar sin coacciones de ningún tipo, es decir, practicar el no tener pelos en la lengua y ser un desvergonzado. En opinión del cínico de Sínope, nos han ido enseñando a tener vergüenza de realizar en público algunas de las funciones naturales como masturbarse, practicar el coito o defecar. No hay que tener pudor de realizar esas funciones delante de los demás y así lo hacía Diógenes, cual perro.

Por otra parte, el filósofo de Sínope, actuando coherentemente con sus ideales, vivía en una gran tinaja (y no en un tonel, aunque muchas veces se le haya representado así, pues no existían todavía en aquella época), con un mantón que le servía para cubrirse cuando refrescaba y un zurrón para transportar la comida. También muy ilustrativa de la actitud cínica de este filósofo es la viñeta que nos narra que el filósofo-perro, al observar que un niño bebía de la fuente haciendo un hueco con las manos, se deshizo de un cuenco que poseía para beber agua.

Frente a la colaboración de los filósofos con los poderosos, Diógenes fue siempre un crítico feroz. Se cuenta que Platón se fijó un día en Diógenes, que estaba lavando unas hojas de lechuga que le había dado alguien para comer y le dijo: «Diógenes, si hubieses aceptado la invitación del rey Dionisos a su corte no tendrías que estar lavando tú mismo esa lechuga». Diógenes le respondió: «Platón, si tú hubieses aprendido a hacer las cosas por ti mismo no tendrías que ir a servir al tirano Dionisos».

¿Estamos preparados para vivir el pensamiento de forma tan extrema como lo hizo el filósofo procedente de Sínope? Aunque decidamos que no vamos a vivir en una tinaja ni a prescindir de nuestro ordenador, sí que podemos, gracias a la inspiración del cinismo, mandar a paseo los imperativos sociales cuando sus exigencias sean demasiado elevadas. Por otra parte, es cierto que, aunque critiquemos las limitaciones de la cultura o pensemos que su existencia es más bien un fastidio, sin esta no existirían los seres humanos. La auténtica humanidad no rechaza la parte animal que nos constituye, pero también sabe que no es posible reducirnos a ella.

Finalmente, si reconocemos que el ser humano tiene una parte de naturaleza que compartimos con el resto de animales es completamente posible que podamos aprender de estos hermanos animales. ¿No es admirable la fidelidad de los perros? ¿Y la actitud insumisa de los gatos? ¿Mata algún animal a otro por el puro placer de aniquilar?

## *Epílogo: monólogo de Diógenes*
## *frente a la escultura del burrito Platero*

Pero ¿qué ven mis ojos?… Por fin una escultura de un animal… ¡Ya era hora! Y no tantas esculturas dedicadas a emperadores zoquetes. «El gran Alejandro Magno», se decía a sí mismo el tipo ese… A mí me pareció un fatuo con complejo de sombrilla… ¡Y cuando quieren insultar a alguien por falta de inteligencia lo llaman burro! ¡Ya quisieran ellos ser burros! En mi opinión, los burros son muy inteligentes. Al igual que el resto de los animales. Tenemos tanto que aprender de ellos… Los animales son. Y punto. No pueden fingir. Cuando tienen apetito intentan saciarlo; se aparean únicamente cuando entran en celo… En cambio, nosotros, los humanos, tenemos una fractura en el corazón mismo de nuestro ser; el lenguaje nos habita. Lo que se nos dio por un lado, como un don, por otro nos fue arrebatado. Cuando queremos hacer algo, hacemos lo contrario porque está mal visto, engorda o mata. Y cuando decimos una cosa, en realidad, queremos decir otra. ¡De ahí tanto eufemismo! Muchísimas veces no encontramos palabras para expresar lo que sentimos. El lenguaje nos lía continuamente a nosotros mismos y… ¡no digamos cuando hablamos con los demás! Sí, me dicen estos «grandes» filósofos que me miran por encima del hombro, pero sin el lenguaje no hay cultura y sin cultura no seríamos seres humanos. Les respondo que los animales no matan por maldad, tampoco violan, no se les puede llamar crueles… Aunque coja una antorcha y, alumbrando, busque por todas partes con todas mis fuerzas, estoy seguro de que no encontraré la humanidad entre los seres humanos por ningún lado. Y de nuevo me replicarán: «¿Y las grandes obras de los poetas? ¿No leíste la *Odisea*? Y en cuanto a la Filosofía, ¿no tuviste la suerte de escuchar a Sócrates en la plaza? ¡Qué grande era! ¡Escucha las clases de su discípulo en la Academia! ¡La dialéctica platónica es lo más sublime! Ahora bien, para dominarla antes debes aprender geometría. ¡Lo más grande es la ciencia, Diógenes!». Y yo les contesto que la única ciencia que merece la pena aprender es aquella que te enseña a vivir, la virtud. ¡Lo demás son majaderías! Los sofistas enseñan retórica y oratoria a sus alumnos a cambio de una fortuna. ¡Les está bien empleado! ¡Que paguen un plus por idiotas! Y en la Academia imparten cursos para tontos, deseosos de aprender una definición de ser humano… «El ser humano es un bípedo implume». ¡Qué pérdida de tiempo! Por eso le arrojé el pollo desplumado a Platón. Le desmonté el teatro bien rápido. ¿Qué mejor manera de demostrar las cosas que haciéndolas? Esto lo aprendí de mi buen maestro Antístenes… ¡Recuerdo con tanto cariño todos y cada uno de los bastonazos que me dio para que me alejase de él! Hasta que por fin le convencí de que me eligiese como discípulo. Junto a él llegué a la conclusión de que la máxima sabiduría es aprender a vivir de la mejor manera posible. Y los animales pueden enseñarnos mucho en este sentido. Si existe algo que se llama Filosofía, ese algo es práctica, no teoría. Platero… ¡Deja que te abrace, hermano!

(Platero, para sí, olisqueando mientras el cínico lo abraza). Y, por supuesto, Diógenes no usa desodorante, siguiendo el ejemplo de los animales…

# 6. Calle Alcazabilla: teatro romano

En la ladera oeste de la fortaleza de la alcazaba se encuentra el teatro romano, construido en el siglo I d. C., cuando Málaga formaba parte del Imperio romano, concretamente en tiempos del emperador César Augusto. Este teatro mantuvo su uso hasta el siglo III d. C. El teatro serviría durante el siglo XI como cantera de materiales para la construcción de la alcazaba. De allí se tomarían columnas, sillares… destinados a la nueva edificación musulmana. El teatro romano de Málaga permanecería sepultado durante siglos, hasta ser redescubierto en 1951. Motivo de chanza durante años en Málaga fue que se construyese encima de él la denominada Casa de la Cultura, que gracias al ingenio guasón de los autóctonos tomó el sobrenombre de «Casa de la Incultura». Una vez restaurado para su uso y disfrute público, en su exterior se habilitó el centro de interpretación del teatro romano, construido en 2010, donde se explica su historia. En las paredes exteriores de este centro se encuentra en vidrio serigrafiado la imagen de la *Lex Flavia Malacitana*, la primera ley municipal de la Málaga romana. Estas leyes aparecieron grabadas en dos tablas de bronce que hallaron dos peones en octubre de 1851 en una cantera del antiguamente llamado barranco de los Tejares, actualmente una zona del barrio del Ejido. Estos trabajadores las vendieron a un artesano. Fue un matrimonio de la burguesía malagueña, formado por Jorge Loring y Amalia Heredia, el que al enterarse de tal hallazgo salvó a las tablas de su fundición, comprándolas para iniciar así una colección de restos arqueológicos en el Museo Loringiano, con sede en la finca de la Concepción, propiedad del matrimonio. Finalmente, el matrimonio Loring decidió vender las tablas de bronce de la *Lex Flavia* al Estado, con el objetivo de que no se convirtiesen en propiedad de particulares tras su fallecimiento. Así fue y en la actualidad las tablas originales se encuentran en el Museo Arqueológico Nacional, en Madrid.

## Los estoicos: mascar cristales por si acaso

### *No se alquila a extranjeros: Zenón*

El estoicismo fue fundado en la Antigüedad por Zenón de Citio, en la isla de Chipre. Zenón viajó a Atenas atraído por su fama de capital de la Filosofía. Sin embargo, allí se encontró con dificultades porque no se le reconocía la ciudadanía ateniense. No pudo comprar ningún edificio para que fuese la sede de su escuela porque existían leyes que prohibían a los extranjeros hacerlo. Así que tuvo que impartir sus clases bajo una galería para resguardarse de las inclemencias del tiempo. En griego «pórtico» se dice «*stóa*», de ahí el nombre de la escuela: estoicos.

El estoicismo es una corriente filosófica de una larga duración temporal, que se inicia en el siglo IV a. C. y permanece hasta alrededor del siglo III d. C. La primera etapa la representa Zenón, su fundador, que establece los fundamentos generales de la escuela. ¿Cuáles son estos fundamentos?

Zenón defendía un materialismo, entendido como el esquema intelectual que afirma que todo lo que existe son cuerpos. Todos estos cuerpos se formaron a partir de una inteligencia activa que dio forma a la materia pasiva. Esa inteligencia es la naturaleza, que identificaba con la divinidad. Aquí se encuentra la elaboración de la primera teoría panteísta, identificando a la divinidad con el cosmos. Esta divinidad es comparable a un enorme organismo y, además, el único ser vivo que existe realmente, ya que todos los seres son parte de ella. De este modo, esta filosofía inaugurada por Zenón se define como monismo panteísta.

Después vendrá una segunda etapa de mixtura para el estoicismo, donde se fusionará con otras corrientes filosóficas. Ayudaba a este sincretismo el carácter tolerante de la escuela estoica desde sus inicios, pues se aceptaba la discusión de sus principios básicos.

### *No solo de leche de loba vive Roma: el estoicismo nuevo o romano*

Sin embargo, para esta ruta filosófica las etapas más significativas son la primera, representada por Zenón, y la última, la denominada estoicismo nuevo o romano. A la primera etapa, la del estoicismo antiguo iniciado en Atenas, hay que hacer referencia inevitable porque establece las ideas básicas de esta escuela. En cuanto a la última etapa, el neoestoicismo surgido en Roma, tiene una idiosincrasia especial, determinada por la sociedad romana y su inclinación por los asuntos prácticos y su rechazo de los temas puramente teóricos. También decisiva para la configuración de este nuevo estoicismo fue la crisis político-social del contexto, que supuso el fin del período republicano y el inicio del imperial, con la pérdida de derechos ciudadanos que conllevaba. Para los intelectuales de aquel momento el estoicismo representaba una tabla de salvación, un esquema de pensamiento preocupado por temas fundamentalmente prácticos. Además, alcanzar una buena vida, conforme a la dignidad del ser humano, según la *stóa*, no dependía ni de la política ni de otras circunstancias externas al ser humano. Solo dependía del deseo del individuo de alcanzarla, mediante un análisis racional adecuado de la realidad. De esta forma, el estoicismo llegó a seducir a la sociedad romana, siendo en ella la filosofía con más adeptos. De esta última etapa se conservan obras íntegras de los pensadores más destacados, tales como Séneca, Epicteto y Marco Aurelio.

### *La apatía está al final, no al inicio*

Cabe señalar que para entender correctamente el neoestoicismo no hay que olvidar que este se inicia ya en la era cristiana. El cristianismo supuso una manera inédita de plantear los problemas filosóficos. Esta última etapa de la *stóa* se impregna inevitablemente de él e introducirá cambios importantes respecto a la doctrina estoica original, elaborada por Zenón en la Antigüedad. De esta etapa final nos detendremos en Epitecto y también en Marco Aurelio, esclavo el primero y emperador el segundo, representando ambas figuras de forma óptima una de las ideas básicas del estoicismo: la verdadera sabiduría no depende en absoluto de las circunstancias exteriores. Si todos los seres humanos somos parte de esa única realidad y divinidad, como nos plantea el estoicismo, todos somos semejantes en cuanto que ni la clase social, ni la riqueza, ni ninguna otra circunstancia pueden arrebatarnos nuestra pertenencia al orden universal. La virtud para el estoico reside en comprender y aceptar esta ley racional que rige todo lo que hay. Solo así se acabará con el concepto erróneo de libertad como la posibilidad de hacer lo que me dé la gana, el denominado libre albedrío, que causa la mayor infelicidad al ser humano.

Por tanto, el sabio de la *stóa* acepta lo que le ha designado el destino, ya sea ser esclavo, emperador, profesor…, y no pierde el tiempo intentando cambiarlo, pues significaría ir contra la corriente de la ley racional, corriente de la que todo lo que existe forma parte. ¿Demasiado conformista el credo de la *stóa*? Para los estoicos, no se puede ir contra este logos universal, contra la propia naturaleza que nos ha constituido, pues hacerlo sería absurdo. Se trataría entonces, para el estoicismo, de intentar ser el mejor esclavo, emperador, profesor… si es eso lo que te deparó el destino.

El sabio estoico tiene como aspiración máxima llegar a ser imperturbable (la obtención de la apatía). Este tiene que permanecer impertérrito ante todo lo que le ocurre, ya sea a él o a los otros, porque conoce que todo lo que ocurre no puede ocurrir de otro modo, no se puede cambiar y es lo mejor que puede ocurrir, pues la naturaleza es divina y está en todo. Es todo, de hecho. Tu destino es sagrado y tu deber es honrarlo. La verdadera actitud subversiva de los seres humanos es, para el estoicismo, comprender, y también asumir, este equilibrio universal y racional del cual formamos parte necesariamente.

## *Málaga y el estoicismo romano:*
### *la «Lex Flavia Malacitana»*

Pero antes de empezar a filosofar con Epitecto y Marco Aurelio, profundicemos ahora en la siguiente cuestión: ¿qué relación guarda el estoicismo con la *Lex Flavia Malacitana*? El

Imperio romano había llegado a ocupar tan vasta extensión que era necesaria una regulación de las distintas leyes de las regiones conquistadas, una legislación universal, cuya base encontrarían las clases más acomodadas y cultas romanas en el estoicismo, introducido en Roma por Cicerón. El politeísmo se había quedado anticuado y no respondía a las exigencias actuales de la construcción de un derecho universal, puesto que cada región tenía sus propias divinidades, distintas a las romanas. En cambio, el pensamiento de la *stóa* proporcionaba un fundamento universal, puesto que defendía la existencia de una sola realidad, la divinidad, idéntica al cosmos. Como se explica en los párrafos anteriores, esa divinidad es la naturaleza en su totalidad y en sus partes. La realidad es Dios, interpretado como inteligencia que ordena con una finalidad todo lo que existe. Todo lo que sucede es necesario e inmutable y se corresponde con el bien, puesto que la divinidad no puede hacer las cosas mal. Queda claro lo conveniente de la aceptación de esta doctrina filosófica para la élite política de Roma, pues con ella mataba dos pájaros de un tiro. Por un lado, justificaba no solo la conquista de otras civilizaciones, pues esta se realizaba conforme al *lógos* o ley universal; y por otro lado, siéndoles esta útil como fundamento universal del derecho romano. La *Lex Flavia Malacitana* es la primera ley municipal de Málaga, muestra de ese empeño del Imperio romano por establecer un ordenamiento jurídico común en todas las regiones conquistadas.

## *En mi mente soy libre: Epitecto*

El estoicismo nos propone una revolución interior. No podría ser de otro modo, pues hasta un esclavo como Epicteto puede sentirse «libre» siguiendo los preceptos estoicos. Este filósofo nació en Frigia, ya en el siglo I de la era cristiana. No escribió nada, siguiendo el modelo de filosofar socrático. Los textos que se conservan son las notas que tomó el historiador Flavio Arriano asistiendo a sus clases, las *Diatribas*, y una síntesis de estas, el *Manual*.

Una anécdota que se cuenta sobre Epitecto muestra claramente la actitud del sabio estoico. Epitecto se había lastimado una pierna. A su amo le pareció divertido doblársela. A pesar del dolor que estaba sufriendo, el esclavo Epitecto no se quejaba. Tan solo le iba diciendo al amo que si seguía así le iba a terminar haciendo daño de verdad. Pero el sádico amo no paró hasta terminar de fracturarle la pierna a Epitecto. Cuando esto sucedió, Epitecto le dirigió estas palabras a su amo: «¿Ves? Ya te lo advertí». Para intentar comprender tan grande parsimonia de Epitecto hay que conocer su forma de pensar, acorde a grandes rasgos con el estoicismo antiguo. Aunque él radicalizó algunos aspectos, como hizo con la distinción entre las cosas que no dependen de nosotros y las cosas que sí dependen. El conjunto de cosas que no dependen de nosotros son el dinero, la fama, la reputación y tanto los placeres como los dolores corporales. En cambio, el conjunto de cosas que sí dependen de nosotros son las opiniones, los deseos y las aversiones. De ahí que Epitecto no soltase sapos y culebras por la boca cuando su amo le partió la pierna, pues el dolor pertenece al conjunto de elementos que no dependen de nosotros. Además, Epitecto subraya que no es posible dedicarse a la búsqueda de ambos tipos de cosas. Se trata de una decisión radical que determinará nuestras vidas, puesto que la búsqueda de las cosas que sí dependen de nosotros constituye un camino que nos lleva a la sabiduría y a la felicidad; mientras que la búsqueda de las otras, las que no dependen de nosotros, nos conducirá inevitablemente a la «esclavitud» y a ser desgraciados. Puede parecernos que al hablar de decisión radical pensemos que Epitecto se está refiriendo a la voluntad del ser humano. Querer hacer algo o no querer hacerlo. No es así en realidad y, siguiendo a Sócrates, afirma que, desde la razón, los seres humanos solo podemos elegir dedicarnos a alcanzar aquellas cosas que son un bien, aquellas que dependen de nosotros. Se trata de un juicio racional, pues. En este aspecto no existen sendas intermedias y en esto el pensador de Frigia es muy contundente. Epitecto constituye un modelo de pensamiento del estoicismo nuevo, donde la ética constituye el eje fundamental de reflexión filosófica, en detrimento de otros aspectos como el estudio de la física, que tanta importancia había tenido en la *stóa* antigua.

### *La clave está en el intelecto: Marco Aurelio*

Es la última gran figura del neoestoicismo. Marco Aurelio vivió durante el siglo II d. C. y se convirtió en emperador de Roma en el año 161 d. C. Su obra, las *Meditaciones*, es un conjunto de ideas que escribía para sí mismo y que le servían para recordar cómo debía comportarse día a día para llegar a ser un sabio estoico. Fue adoptado por el emperador Antonino para sucederle en el trono y con ese objetivo recibió una selecta educación. Uno de sus maestros, Justus Rusticus, le dio un libro que recogía las clases de Epitecto. Esta obra le entusiasmó y avivó sus deseos de llegar a ser filósofo.

Pero el Marco Aurelio pensador no surgiría hasta que cumplió los cincuenta años, cuando empezó a escribir las *Meditaciones*. Un día, mientras observa la realidad circundante, llega a la conclusión de que esta se caracteriza porque todas las cosas en ella son efímeras. ¿Tiene la existencia algún sentido más allá de estas cosas? Desde la visión panteísta del emperador estoico, sí. Pero solo si logramos observar la realidad desde esta perspectiva totalizadora, en la que el individuo por sí solo, concebido de forma aislada, no tiene sentido. Además, desde el panteísmo cobra sentido concebir la vida como un deber. Estoy aquí para cumplir una misión en este sistema naturaleza–divinidad, donde soy tan solo una pieza. Pero todas las piezas son importantes para el buen funcionamiento de cualquier sistema.

Una de las aportaciones más relevantes que realizó al neoestoicismo Marco Aurelio fue su intento de situar al ser humano por encima en dignidad con respecto a otros seres de la naturaleza, recogiendo la influencia del cristianismo. Para ello introduce una novedad. Para los estoicos antiguos, el ser humano estaba formado por un cuerpo y un alma, ambos de naturaleza material, pero siendo el alma superior al cuerpo. En cambio, en Marco Aurelio encontramos una teoría antropológica tripartita y no dualista. El ser humano es cuerpo (carne), alma (*psyché* o *pneuma*) e intelecto (exterior al alma y superior a esta, el *nous*). Más aún, ese intelecto es nuestra verdadera identidad, a la que llega a calificar de «refugio interior». Allí encontraremos la fuente vital que nos aporte la fuerza necesaria para enfrentarnos, con dignidad propia de seres humanos, a las vicisitudes de la vida. Ese intelecto o *nous* es un principio rector, la capacidad de discernir racionalmente. Si realiza su trabajo a la perfección, sin dejarse perturbar por otros intereses distintos a lo racional, puede concedernos una paz interior absoluta.

La infelicidad humana, advierte Marco Aurelio, proviene de las interpretaciones, los valores o los juicios que realizamos acerca de las cosas. Nuestra alma (*psyché*) no se perturba por las cosas que nos suceden, sino por las interpretaciones que hacemos de ellas. Si me duele una muela, es cierto que el cuerpo se ve afectado. Pero siento dolor y ya está. Ahora bien, si siento dolor y además le añado mis interpretaciones («qué mala suerte tengo», «debería haber ido al dentista antes», «a ver si se me alivia pronto», etc.), entonces sumaremos aflicción al dolor físico. Así es como los seres humanos nos hacemos la vida insoportable. No hay cosas buenas o malas en sí, sino únicamente juicios de valor, buenos o malos. Hay que suprimir los juicios de valor y conseguiremos ser tan imperturbables como los dioses.

### *Gimnasia mental*

Nuestro principio rector, el intelecto o *nous*, tiene un papel clave en evitar que nos afecten los juicios de valor acerca de las cosas que nos ocurren. Pero hay que entrenarlo. Con ello conseguiremos convertirnos en el individuo incólume ante los diferentes sucesos vitales que nos propone el estoicismo como ideal. Ese entrenamiento consiste en realizar a diario una serie de ejercicios mentales que me fortalezcan, de forma similar a cuando voy al gimnasio a poner en forma el cuerpo. En tales ejercicios propuestos por Marco Aurelio, me tengo que imaginar en distintas situaciones que me pongan a prueba: simular mentalmente la muerte de un familiar querido, la ruina económica propia o cualquier desgracia que pudiese desestabilizarnos. Por eso, con su corrosivo humor, Nietzsche decía que los estoicos nos invitaban a «mascar cristales» para estar preparados, no sea que un día nos traguemos uno accidentalmente. Tras el ensayo que nos propone el filósofo-emperador, hay que lograr permanecer fiel a lo aprendido y no dejarse llevar por las interpretaciones que realizamos de las representaciones. «Mi madre ha muerto». «¿Qué ha ocurrido realmente?». «Mi madre ha muerto». Ahora bien, lo normal es que el fallecimiento de un ser querido nos cause angustia y dolor, pero si además les añadimos «mi madre ha muerto, no podré soportarlo» estaremos perturbando nuestra alma con más dolor innecesario. Solo debe existir el presente para nosotros. Esto significa amar a la naturaleza a la que pertenecemos. Con la práctica, estaremos preparados cuando llegue el momento de enfrentarnos a una situación similar en la realidad, pues el ideal de sabiduría estoica afirma que considerar los juicios de valor como desgracias propias o ajenas es no ser filósofo y tener las miras cortas, creernos el ombligo del universo, cuando en realidad formamos parte de una totalidad de sentido mucho mayor y, además, de manera irremediable.

### *A vista de pájaro para no estrellarnos*

Lo mismo ocurre con aquellas cosas que consideramos afortunadas para nosotros u otros, solo que este caso son valoraciones positivas y no negativas de las cosas que nos ocurren. Sin embargo, estas no nos invitan a despotricar contra el destino ni tampoco a la reflexión, tal y como lo expresó, acertadamente, el escritor norteamericano Charles Bukowski: «Creo que la única vez que las personas piensan en la injusticia es cuando les ocurre a ellos». Para el estoicismo, si algo ocurre, ocurre bien, ya que, sea lo que sea, es racional y no ha podido ocurrir de mejor forma.

Lo que sí es cierto es que el estoicismo es una corriente de pensamiento que nos invita a pensar nuestro lugar en el mundo de una forma más amplia a como lo hacemos cotidianamente, donde contemplamos lo que nos rodea desde un ojo de buey. Desde allí juzgamos lo que es «bueno» o lo que es «malo», la mayoría de las veces de forma trivial, según nuestros intereses. Hay que recordar de forma continua nuestro ínfimo lugar en el cosmos porque tendemos a olvidarlo y de ahí la necesidad de entrenarse en ello.

Para finalizar, Marco Aurelio nos propone otro experimento mental, que nos ayudará a relativizar todo lo que nos ocurre. Hay que imaginar que somos capaces de volar y observar a distancia todo lo que ocurre en el mundo. Esta es la perspectiva ideal para el emperador-filósofo porque nos permite darnos cuenta de nuestra pequeñez en el universo. Entonces, aunque sigamos caminando por las calles de nuestra ciudad, nuestra visión debe ser la de un pájaro de altos vuelos. Paradoja: para tener los pies en el suelo hay que mirar desde el cielo. Resulta saludable una cura de humildad «pórtica» para todos nosotros, que nos ponga en nuestro sitio de tanto en tanto.

# 7. Jardines de Puerta Oscura: glorieta con busto del pintor don José Moreno Carbonero

Los jardines de Puerta Oscura, que se extienden a lo largo de la ladera sur del monte Gibralfaro, fueron diseñados principalmente por el arquitecto Fernando Guerrero Strachan en el año 1937. El proyecto consistió en realizar unos jardines con una zona de paseo que no desentonaran con el diseño de la fortaleza árabe. El nombre de Puerta Oscura les viene dado porque una de las puertas de acceso a la ciudad, amurallada en la época de la Málaga musulmana, se situaba en las cercanías. Bajando por el paseo, al final, nos encontramos una glorieta circular con unos bancos de piedra que la rodean. Allí se encuentra un monumento dedicado al pintor malagueño José Moreno Carbonero, nacido a mitad del siglo XIX y fallecido en Madrid en 1942. Moreno Carbonero estudió en la Academia de Bellas Artes de Málaga, siendo uno de sus maestros Bernardo Ferrándiz. Destacó desde su juventud por sus dotes artísticas y fue becado por la Diputación de la ciudad para viajar a Roma. Allí pintó, con tan solo veintiún años, su primera gran obra de pintura histórica, *El príncipe de Viana*, género en el que logró destacar con obras como *La conversión del duque de Gandía* o *Entrada de Roger de Flor en Constantinopla*. Después de regresar a España seguirá su formación artística en la Academia de San Fernando, en Madrid. Allí Moreno Carbonero obtendrá fama y fortuna como retratista de las clases acomodadas de la capital. Por esa época, en la Escuela de Bellas Artes tuvo la oportunidad de ser profesor de dos alumnos que se convertirán en dos figuras cumbre del arte del siglo XX, Salvador Dalí y Pablo Picasso. En las últimas etapas de su vida, Moreno Carbonero se inspiró en algunas obras literarias, como las de Gil Blas y, especialmente, en el *Quijote.*

# Epicuro: los remedios del filósofo hortelano

## *Epicuro nos lleva al huerto*

Nuestro último protagonista de la ruta es Epicuro, fundador de la escuela del jardín o, para ser más precisos, debiéramos decir de la escuela del huerto. Aunque jardín suene más refinado, realmente se trataba de un huerto. Allí lo práctico no era cultivar diferentes variedades de rosas, sino la vid, el olivo, el árbol frutal…, que pudiesen alimentar a los miembros de esta comunidad filosófica. Esta glorieta de los jardines de Puerta Oscura es un lugar idóneo para detenernos y filosofar de forma similar a como lo hacía Epicuro con sus discípulos, pues este podría ser un rincón del mencionado huerto, rodeado de árboles y con unos bancos de piedra donde poder descansar mientras se intercambian reflexiones. Además, en la glorieta hay una escultura, un busto del pintor José Moreno Carbonero. Durante años el busto estuvo ausente del pedestal para poder ser restaurado, ya que sufrió actos de vandalismo. ¿Qué pensaría la cabeza de la escultura del artista en el taller del restaurador? «¡Ay, pobre cara mía! ¿Qué beneficio obtienen los seres humanos de ciertos actos? ¿Existe placer en destrozar una escultura? ¡Me gustaría tanto saberlo!». El hedonismo era una teoría que defendía Epicuro. Esta afirma que la finalidad de las acciones humanas es la obtención del placer. Nuestra felicidad va a depender de conseguir el placer o no hacerlo. El promotor de esta primera escuela de la etapa helenística, el epicureísmo, nació en Samos, una isla griega, a mediados del siglo IV a. C.

Desde muy joven Epicuro asistió a clases de Filosofía. Uno de sus primeros maestros fue el platónico Pánfilo; con él pudo aprender en profundidad los principios de la filosofía de Platón, a la que posteriormente se opondría con firmeza. Siguió un recorrido no solo de formación intelectual, sino también de docencia, que le llevó de Colofón a Mitilene y, finalmente, a Lámpsaco. Gracias a sus viajes pudo conocer con profundidad el pensamiento de los físicos atomistas, Leucipo y Demócrito. Quedaría entusiasmado por la forma de explicar la realidad que ofrecía el atomismo clásico. Una vez que consideró que, después de años de aprendizaje, podía ofrecer una forma de pensar propia, a la edad de treinta años, Epicuro se decidió a viajar a Atenas, a establecer una comunidad de pensamiento distinta de los centros de poder intelectuales establecidos, la Academia platónica y el Liceo aristotélico. Se alejó de la polis y compró una casa de campo con un terreno para cultivar a las afueras de Atenas. El objetivo de Epicuro era constituir una comunidad filosófica donde sus miembros tuviesen que convivir. Los cultivos, como hemos dicho antes, ayudarían a proporcionar alimentos a esta comuna. Frente a los gimnasios, símbolo de las escuelas tradicionales de Filosofía en Atenas, Epicuro nos plantea un nuevo lugar donde filosofar. La novedad de su planteamiento no se reducía al lugar, también fue innegable la apertura tolerante de su escuela a sujetos marginados en la polis griega como los esclavos, los extranjeros, las mujeres e incluso las prostitutas. Una decisión rompedora en aquel momento y lugar históricos, si bien es cierto que Epicuro expresó su lado más oscuro a través del establecimiento de un estricto dogma: prohibiendo a los miembros de la escuela del huerto discutir los fundamentos básicos de su ideario filosófico. Con esto consiguió que el epicureísmo se mantuviese a lo largo del tiempo sin variaciones aun después de su muerte, al contrario que otras escuelas filosóficas, que sufrirían de mestizaje de ideas.

Epicuro tenía una concepción de la Filosofía fundamentalmente práctica, una posición compartida por las demás escuelas del período helénico. La Filosofía es «saber vivir». Este es el conocimiento más importante y los demás quedan supeditados a él. Por otra parte, aceptaba la división de la Filosofía en tres aspectos fundamentales: la lógica, la física y la ética. La fundamental para «saber vivir» es la ética. Pero la ética debe tener una raíz: ¿cómo puedo «saber vivir» y alcanzar la felicidad sin previamente saber qué es esta realidad en la que vivo? ¿Y cómo hacerlo sin conocer qué cosas son verdaderas o falsas de ella? Un planteamiento propio de un filósofo el de Epicuro, sin duda, pues seguramente coincidiréis conmigo en que hay muchos miembros de la comunidad humana que desean ignorar cuanto más mejor, considerando así que les será más posible ser felices. Siguiendo el razonamiento del filósofo de Samos, en las próximas líneas se plantearán la física y la lógica epicúreas, las raíces de su ética. Esta última se expondrá al final.

### *La verdad atómica*

Epicuro acepta casi íntegramente la física de los atomistas, que afirmaba que la naturaleza está constituida por átomos, de ahí que se denominase a esta teoría atomismo. En ella se cree incluso que las almas y los dioses están formados por átomos. Eso sí, esos átomos que configuran las almas y los dioses son *delicatessen*, es decir, de una calidad especial si los comparamos con los demás. Los átomos son, además, infinitos y existen desde siempre. Al estar en movimiento, estas partículas se entremezclan entre sí, dando lugar a todas las cosas. La principal novedad que Epicuro introduce en la física atomista es sostener que el movimiento de los átomos es de caída, de arriba hacia abajo, y ese movimiento de caída no es en línea recta, sino que hay lugar para una ligera desviación (*clinamen*) en este. Esto es muy importante, a su juicio, porque con ello se explica que sean posibles el choque y la unión entre los átomos, dando lugar a todas las realidades existentes. Este hecho resultaría imposible si los átomos se moviesen en línea recta. Pero ¿cómo se origina ese movimiento? Epicuro no sabe y no puede contestar a esta pregunta. Lo único que sabemos es que funciona así, como un mecanismo, de forma automática. De ahí el término: materialismo mecanicista. Pero no sabemos más. Aunque es cierto que, al menos, ya conocemos de qué pasta está hecha la realidad, según el jardinero-jefe.

### *Epicuro versus Platón*

La forma de entender el conocimiento del epicureísmo, aquí llamado lógica, es opuesta a la platónica. Epicuro afirma rotundamente que la percepción sensible nos proporciona siempre un conocimiento verdadero y objetivo. Recordemos que Platón despreciaba la sensibilidad porque, a su parecer, no aportaba nada más que un saber particular y subjetivo, la opinión; pero nunca ciencia, el saber universal y objetivo. ¿Qué le hace al de Samos afirmar la objetividad y veracidad de las percepciones sin dudarlo? Su concepción física de la realidad, el atomismo mecanicista. Las percepciones son causadas en nosotros por el choque de los átomos de las cosas. Nuestra sensibilidad no es activa en este proceso. No añade nada. Por tanto, es innegable que las percepciones son siempre verdaderas y objetivas. Sin embargo, este proceso por el cual conocemos es más complejo. Epicuro afirma que las repeticiones de la misma percepción en nosotros, gracias al choque de los átomos sobre los sentidos, consiguen dejar una impresión o huella en nosotros. Esta nos va a permitir recordar las percepciones y anticiparnos. A esa anticipación la llama prolepsis. Además, tanto los sentimientos de placer como los de dolor son el resultado del efecto interno que nos causan las percepciones. De hecho, son el fundamento de la ética. Si bebo dos vasos de vino durante una cena y me sientan estupendamente, recordaré esta sensación placentera y me gustará repetirla. En cambio, si el recuerdo es el de un malestar provocado por un exceso en la ingesta de vino, seguramente querré evitar el displacer de nuevo. A partir de las anticipaciones de percepciones, los seres humanos podemos elaborar juicios. Estos juicios no son evidentes por sí mismos como lo son las percepciones. Estos juicios humanos sobre la realidad constituyen la opinión. Epicuro creía que únicamente las opiniones avaladas por las sensaciones eran verdaderas. Un ejemplo de juicio podría ser este: «Siento placer cuando bebo vino». ¿Es verdadero o falso? Es una opinión y tendríamos que comprobar su veracidad o falsedad confrontándola con la sensación. ¿En todas las ocasiones en las que bebo vino siento placer? Siento placer siempre que bebo vino con moderación, pero si bebo mucho vino termino con gran malestar, con una resaca atroz. El placer en el paladar al saborear el vino es siempre verdadero, la sensación es siempre objetiva y verdadera. También lo es la sensación de la resaca experimentada. El recuerdo de ambas sensaciones me hace anticiparme. Realizo un cálculo mental: la próxima vez no beberé tanto vino, solo un poco. Por tanto, el juicio «siento placer cuando bebo vino con moderación» es confirmado por las sensaciones. Es una opinión verdadera y objetiva, pues. Los sentimientos de placer y displacer ante las percepciones son, para Epicuro, una brújula infalible para la buena elección ética, aquella que me proporciona placer y no dolor. Ahora bien, ¿qué es el placer para el epicureísmo? Lo investigaremos en el apartado siguiente.

### *Mmmm… ¡Qué gustito!*

La ética epicúrea es hedonista porque considera que nuestras acciones deben ir encaminadas a la obtención del placer como el mayor bien. La felicidad consiste en obtener el máximo placer, evitando lo que nos resulta desagradable. Aunque Epicuro matiza que el placer más elevado no es otra cosa que ausencia de turbación en el alma (ataraxia) y de dolor en el cuerpo (aponía). Los placeres intelectuales son, además, mejores que los corporales, pues con ellos es más probable conseguir esa imperturbabilidad total, que los epicúreos identificaban con la felicidad humana.

Epicuro realizó un análisis detallado de los diferentes tipos de placeres. Diferenció tres tipos: los naturales y necesarios, los naturales pero no necesarios y, por último, los no naturales ni necesarios. Los deseos naturales y necesarios hay que satisfacerlos siempre, ya que no hacerlo supone la muerte. Comer es un deseo natural y necesario. En cuanto a los deseos naturales pero no necesarios, Epicuro afirma que es bueno satisfacerlos de vez en cuando. Se trata de satisfacer un capricho ocasionalmente y, por ejemplo, comer unas cigalas. En cambio, Epicuro rechaza dar satisfacción alguna a los placeres artificiales e innecesarios. Hay una razón de peso para su decisión, puesto que estos deseos son siempre insaciables y provocan más perturbación que beneficio. Querer acumular riquezas o conseguir notoriedad pública a toda costa puede llegar a causar bastantes más problemas que placer.

### *Aritméticos de nuestro placer*

Según nuestro sabio hortelano, el ser humano por sí mismo puede alcanzar la felicidad, de forma individual. Solo le es necesario saber calcular la administración de sus placeres con sabiduría. Nos propone con su ética una aritmética del placer. La Filosofía es saber vivir, como se dijo al principio. Nos debe curar de la superstición, de todo lo irracional. Epicuro se plantea el filosofar como una medicina para el alma, un tetrafármaco para cuatro inquietudes fundamentales de los seres humanos. En primer lugar, la Filosofía nos cura del miedo a la muerte. Cuando nos morimos dejamos de ser, se disgregarán los átomos de los cuales estamos formados, pero no sentiremos nada. La sensación consistía en recibir el impacto de los átomos de las cosas. Estando muertos ya no nos llegan. En segundo lugar, nos cura del miedo a los dioses. Estos son seres superiores que viven en otra realidad diferente a la nuestra. ¿Por qué estarían pendientes de nosotros? Es ridículo. No nos necesitan para nada. En tercer lugar, la Filosofía nos enseña cuál es el verdadero placer, el bien que es posible buscar y encontrar, el bienestar de la no–turbación. En cuarto y último lugar, el dolor es cierto que existe, pero no es duradero, puesto que si es leve se sobrelleva y después se pasa. Si es un dolor muy agudo, nos conducirá rápidamente a la muerte y se extinguirá.

En cuanto a la acción vandálica de romperle la cara al busto de José Moreno Carbonero, ¿proporcionaría placer al Atila de turno? Si es así, ¿de qué tipo sería ese placer, según la doctrina epicúrea? ¿Se trata de otro tipo de placer no contemplado en la clasificación de Epicuro? Filosofar es hacerse preguntas como estas, que nos llevan más allá de la actitud cotidiana, sumamente acrítica: que destrozaron el busto y ya está, que no le busques tres pies al gato, que no te comas tanto el tarro… Con la Filosofía toda la realidad se hace problema. Cuando reflexionamos nos convertimos en un incordio para todos aquellos intereses que nos quieren adormecer con distintos opiáceos. Frente a la extendida opinión de que pensar es propio de una élite superior, este libro es una apuesta por lo contrario: pensar es una opción que tiene todo ser humano y que consiste en elaborar unos juicios propios sobre la experiencia vivida, dejando atrás los prejuicios. La actitud crítica que va unida al deseo de saber es universal y está en todos nosotros, solo depende de si queremos llevarlo o no a la práctica. Con esta ruta se ha querido aportar un granito de arena a esa causa filosófica.

1. Glorieta de la ninfa "La muñeca". Presocráticos.
2. Estanque en la Glorieta D. Modesto Laza. Platón.
3. Panel informativo de las especies botánicas del Parque. Aristóteles.
4. Escultura El fiestero de los verdiales. Los sofistas.
5. Escultura de Platero en el parque infantil. Los cínicos.
6. Teatro Romano en Calle Alcazabilla. Los estoicos.
7. Escultura de D. José Moreno Carbonero en los Jardines de Puerta Oscura. Los epicúreos.